New Bilingual Visual Dictionary

English–French

Milet Publishing
Smallfields Cottage, Cox Green
Rudgwick, Horsham, West Sussex
RH12 3DE England
info@milet.com
www.milet.com
www.milet.co.uk

First English–French edition published by Milet Publishing in 2017

ISBN 978 1 78508 885 8

Text by Sedat Turhan & Patricia Billings
Illustrated by Anna Martinez
Designed by Christangelos Seferadis

Printed and bound in Turkey by Metro Basım Hiz. A.Ş., January 2023.

Contents
Table des matières

falcon
le faucon
eagle
l'aigle
flamingo
le flamant
swan
le cygne
heron
le héron
pelican
le pélican
gull
la mouette

swallow
l'hirondelle
lovebird
les inséparables
crow
le corbeau
pigeon
le pigeon
robin
le rouge-gorge
stork
la cigogne
ostrich
l'autruche
peacock
le paon

sparrow
le moineau
parrot
le perroquet
wing
l'aile
beak
le bec
owl
l'hibou
claw
la serre
woodpecker
le pic-vert
nest
le nid
tail
la queue
birdcage
la cage
vulture
le vautour
egg
l'œuf
feather
la plume

pet
l'animal de compagnie
dog
le chien
puppy
le chiot
pet bed
le lit pour animaux
cat
le chat
kitten
le chaton
crest
la crête
chick
le poussin
hen
la poule
rooster
le coq

horse
le cheval
camel
le chameau
donkey
l'âne
duck
le canard
goose
l'oie
turkey
la dinde

barn
la grange
cow
la vache
bull
le taureau
calf
le veau
pig
le cochon
sheep
le mouton
lamb
l'agneau
goat
la chèvre

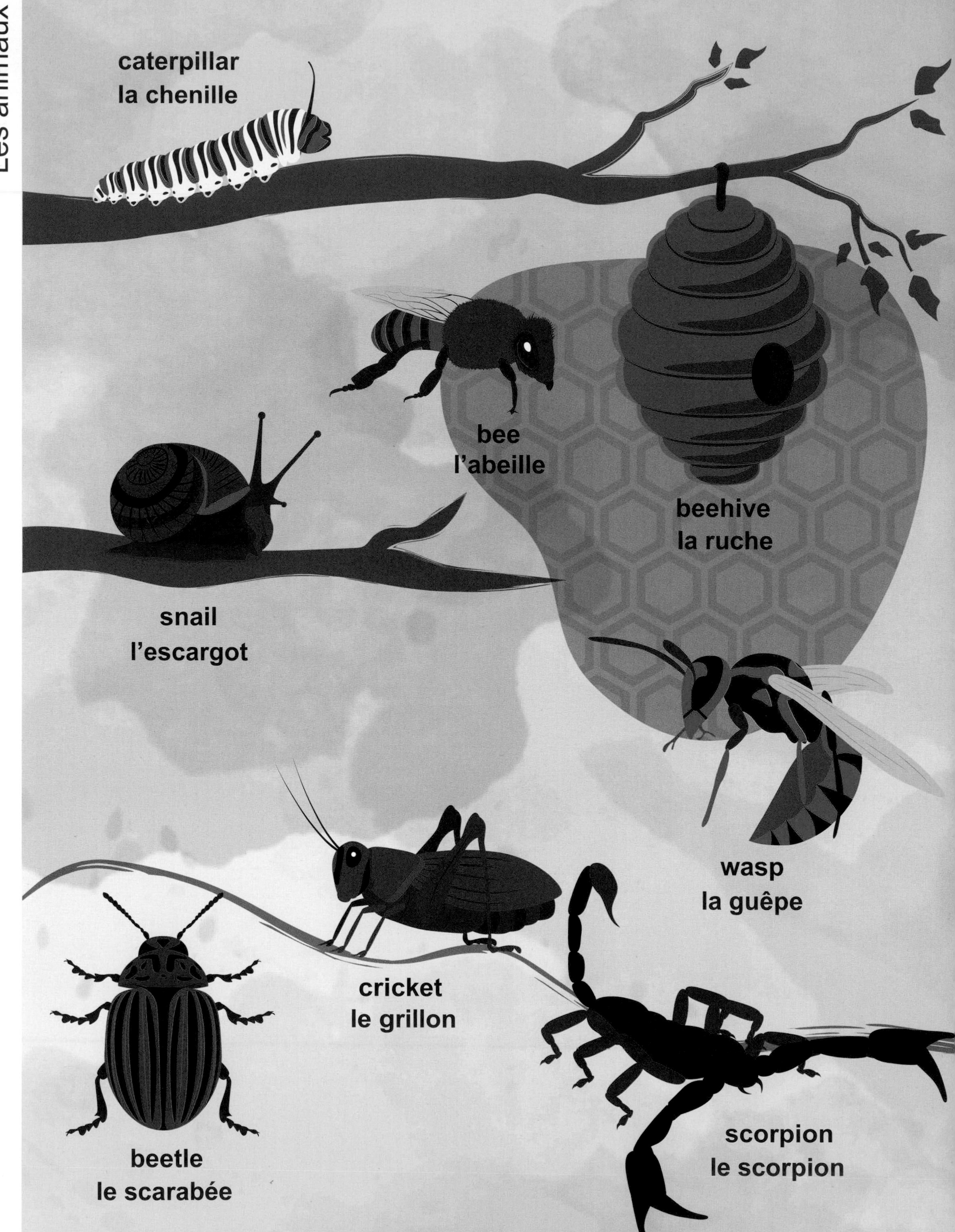
caterpillar
la chenille
bee
l'abeille
beehive
la ruche
snail
l'escargot
wasp
la guêpe
cricket
le grillon
beetle
le scarabée
scorpion
le scorpion

web
la toile d'araignée
fly
la mouche
mosquito
le moustique
spider
l'araignée
dragonfly
la libellule
butterfly
le papillon
moth
le papillon de nuit
ladybird / ladybug
la coccinelle
grasshopper
la sauterelle
ant
la fourmi

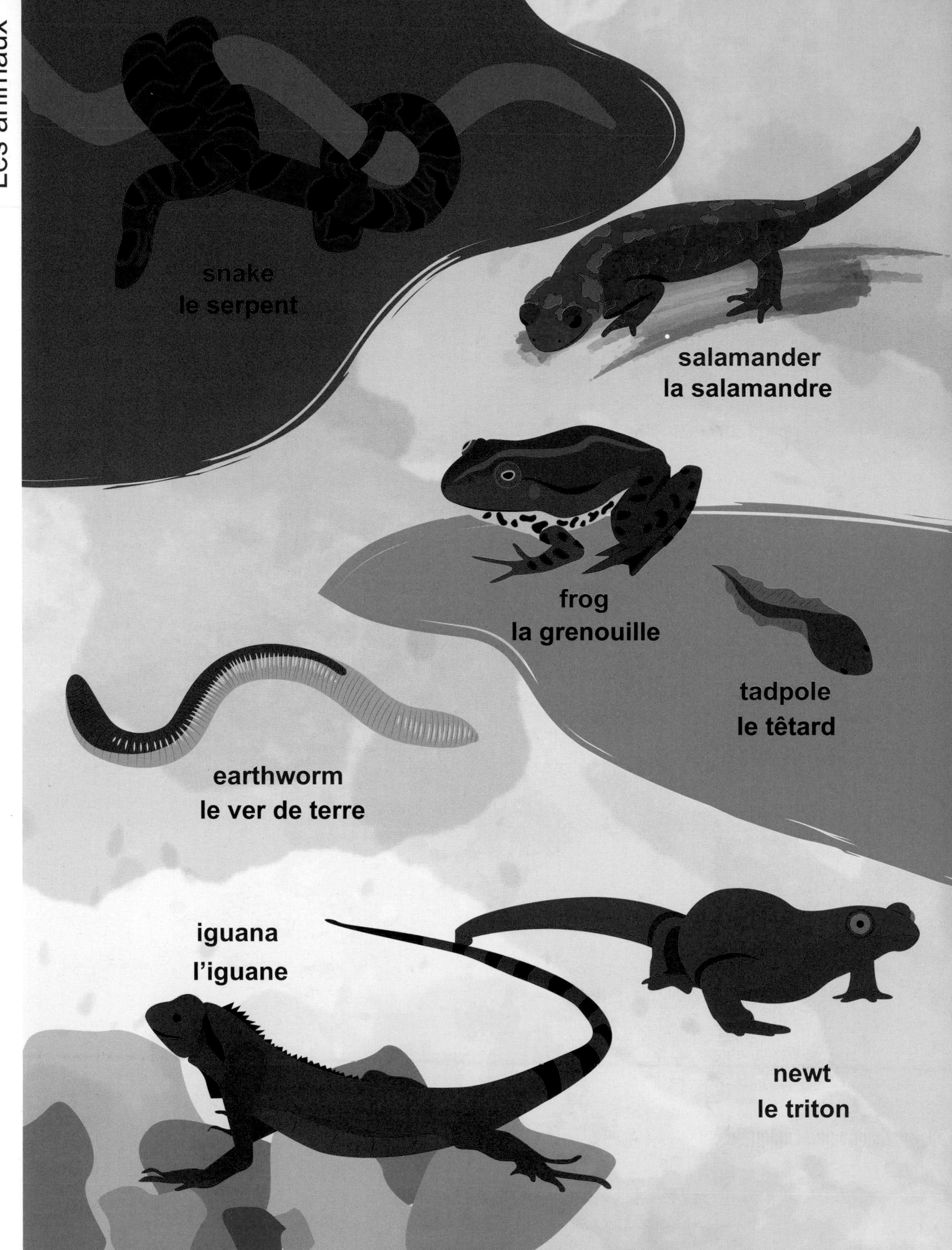
snake
le serpent
salamander
la salamandre
frog
la grenouille
tadpole
le têtard
earthworm
le ver de terre
iguana
l'iguane
newt
le triton

chameleon
le caméléon
lizard
le lézard
crocodile
le crocodile
toad
le crapaud
tortoise
la tortue

walrus
le morse
whale
la baleine
seahorse
l'hippocampe
starfish
l'étoile de mer
turtle
la tortue marine
coral
le corail
seaweed
l'algue
lobster
le homard

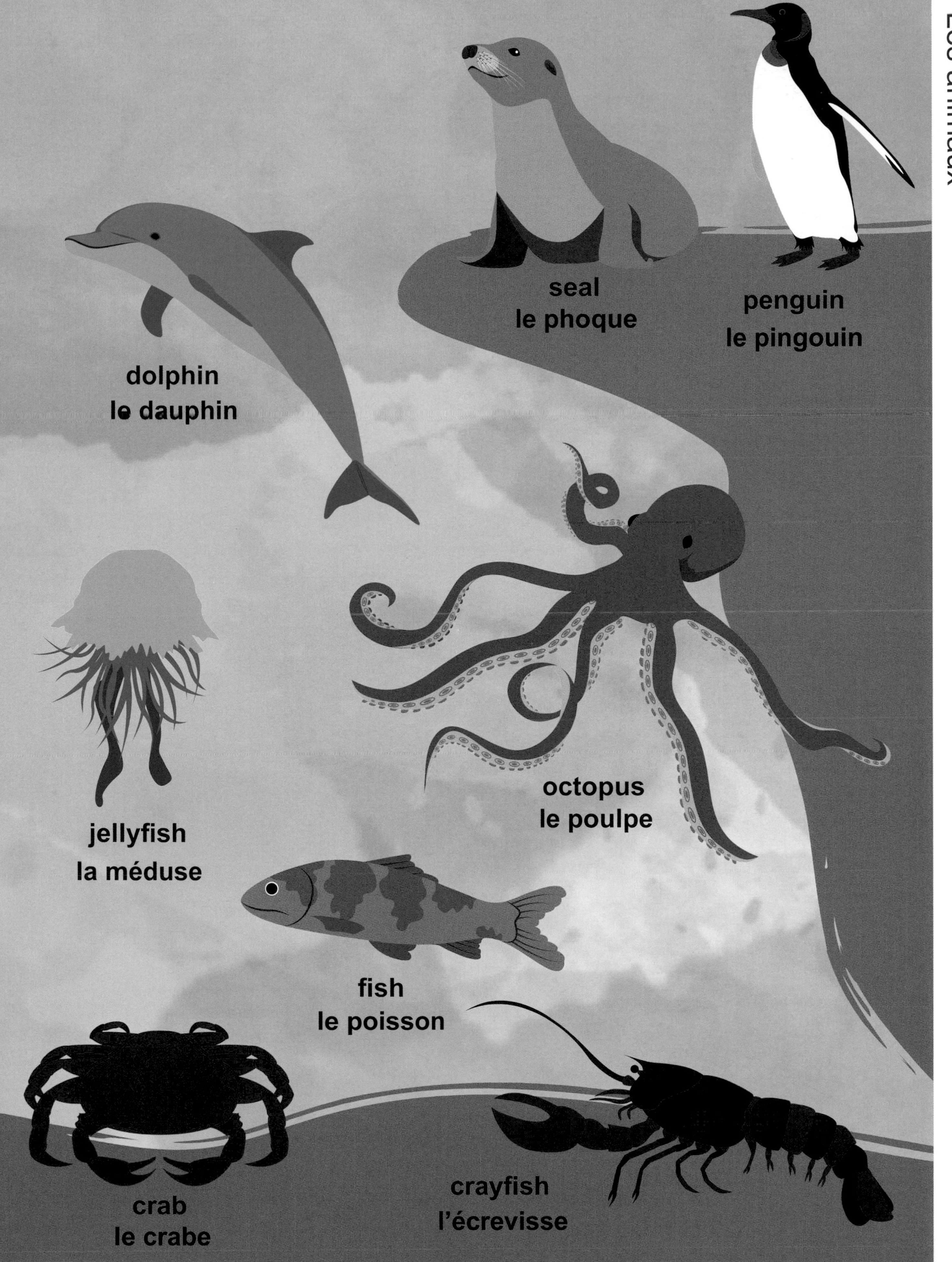
seal
le phoque
penguin
le pingouin
dolphin
le dauphin
octopus
le poulpe
jellyfish
la méduse
fish
le poisson
crayfish
l'écrevisse
crab
le crabe

koala
le koala
bat
la chauve-souris
kangaroo
le kangourou
raccoon
le raton-laveur
llama
le lama
skunk
la moufette

bear
l'ours
polar bear
l'ours polaire
elephant
l'éléphant
tusk
la défense
trunk
la trompe
panda
le panda
fox
le renard
wolf
le loup

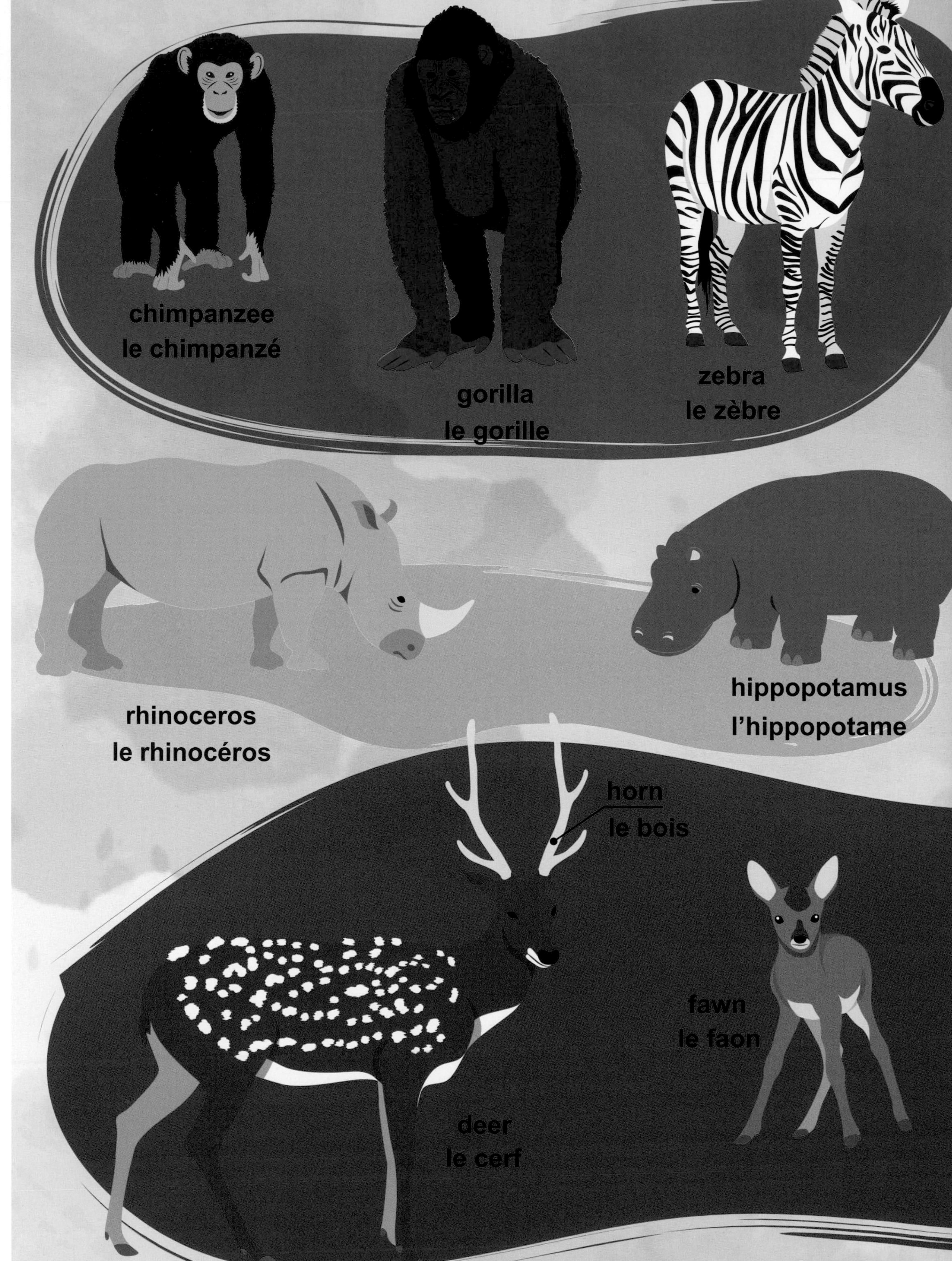
chimpanzee
le chimpanzé
gorilla
le gorille
zebra
le zèbre
rhinoceros
le rhinocéros
hippopotamus
l'hippopotame
horn
le bois
fawn
le faon
deer
le cerf

giraffe
la girafe
leopard
le léopard
tiger
le tigre
mane
la crinière
lion
le lion
cub
le lionceau

mole
la taupe
hedgehog
le hérisson
tail
la queue
mouse
la souris
rat
le rat
squirrel
l'écureuil
rabbit
le lapin
otter
la loutre

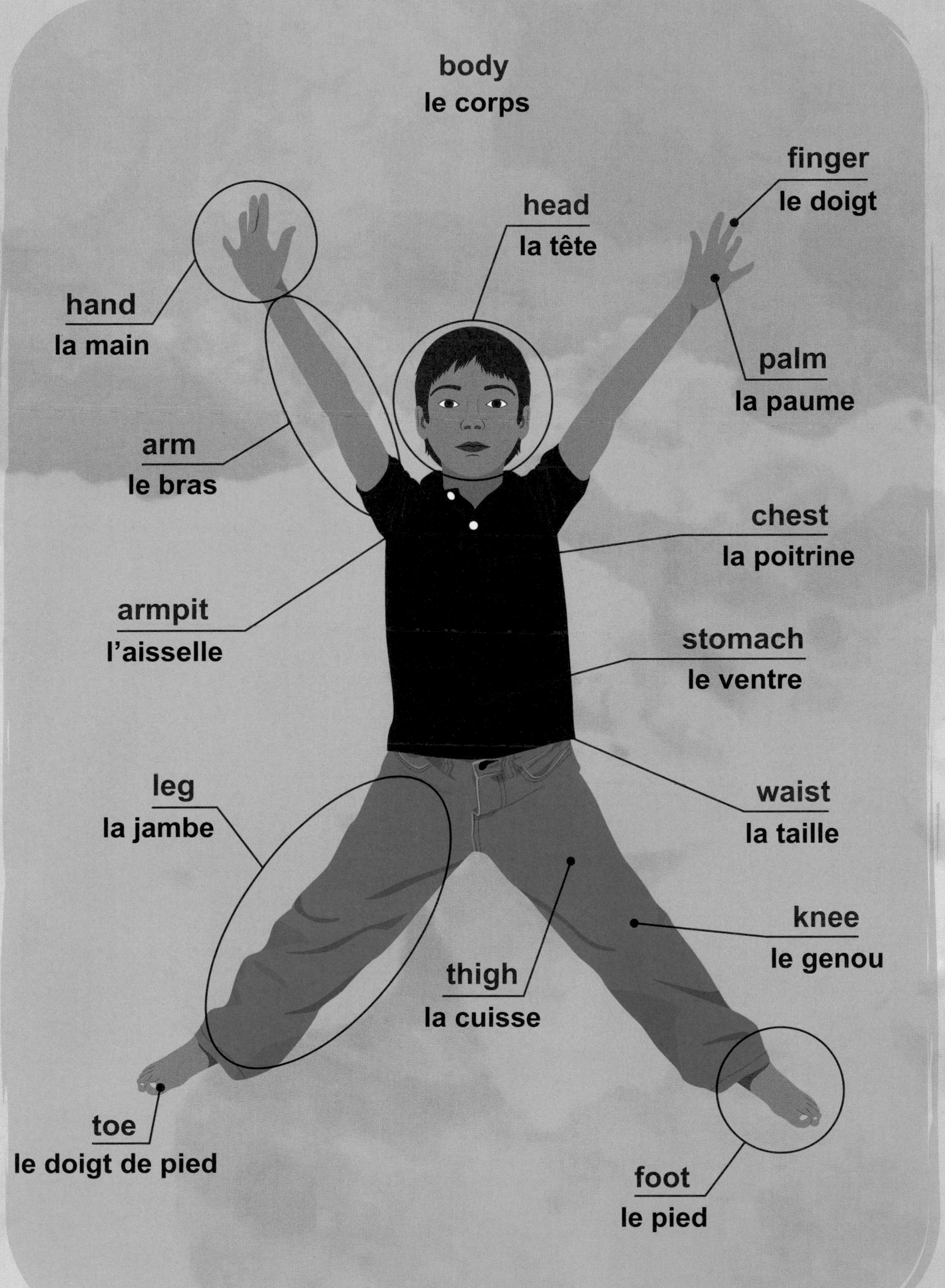
body
le corps
finger
le doigt
head
la tête
hand
la main
palm
la paume
arm
le bras
chest
la poitrine
armpit
l'aisselle
stomach
le ventre
leg
la jambe
waist
la taille
knee
le genou
thigh
la cuisse
toe
le doigt de pied
foot
le pied

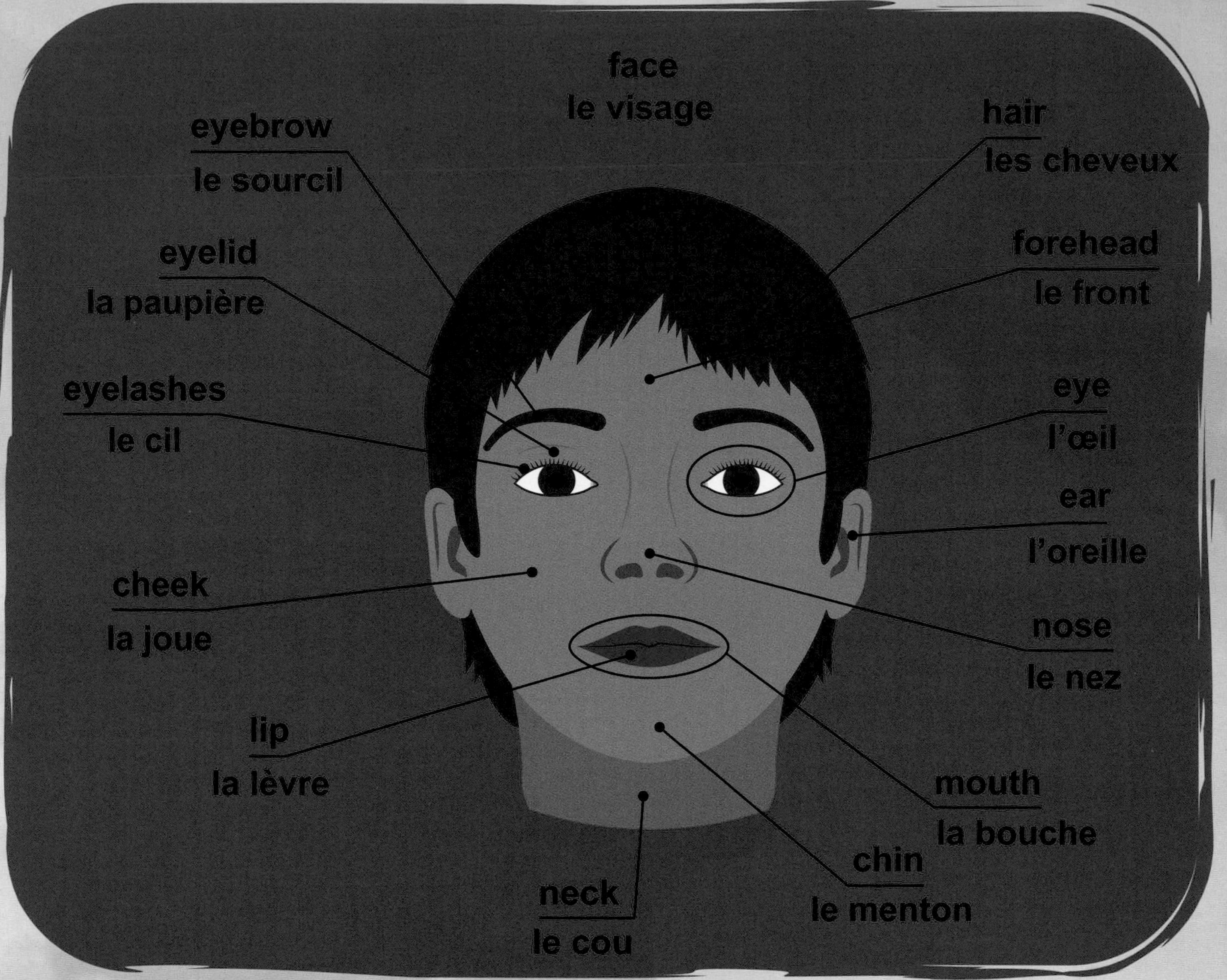

face
le visage
eyebrow
le sourcil
hair
les cheveux
eyelid
la paupière
forehead
le front
eyelashes
le cil
eye
l'œil
ear
l'oreille
cheek
la joue
nose
le nez
lip
la lèvre
mouth
la bouche
chin
le menton
neck
le cou

hand
la main
middle finger
le majeur
fingernail
l'ongle
ring finger
l'annulaire
index finger
l'index
little finger
l'auriculaire
thumb
le pouce
wrist
le poignet

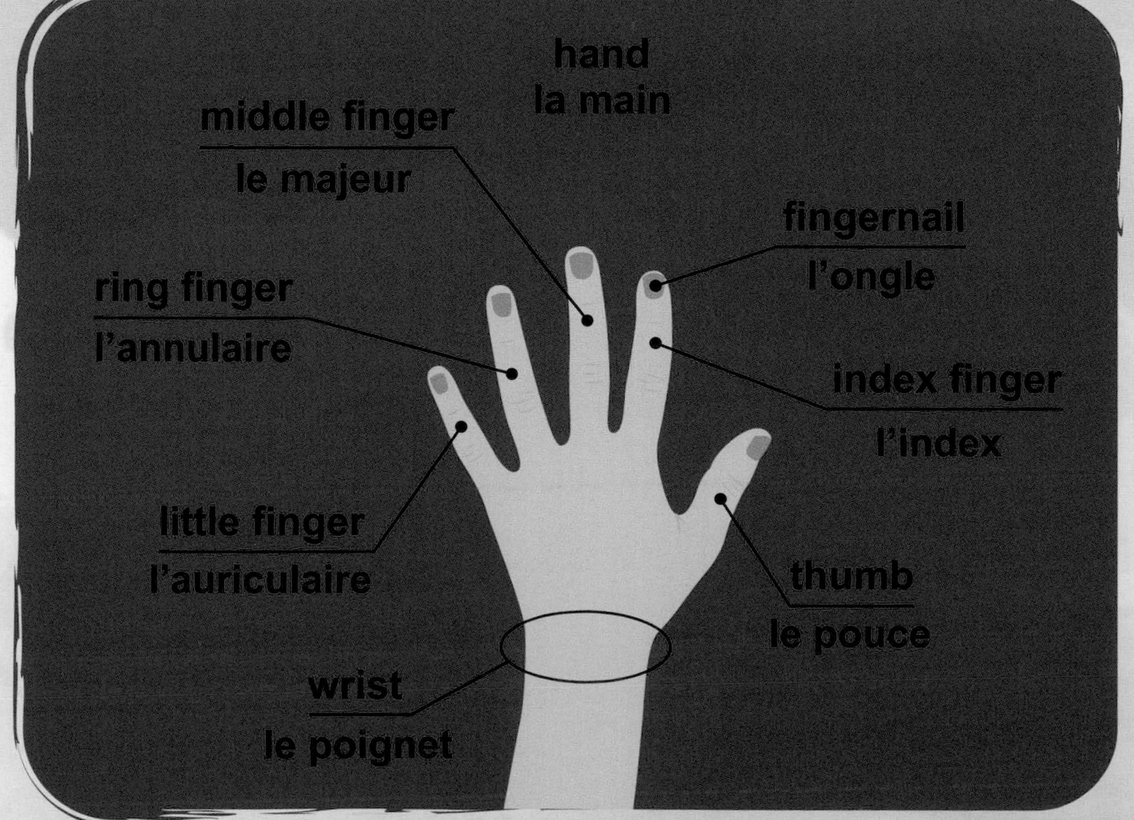

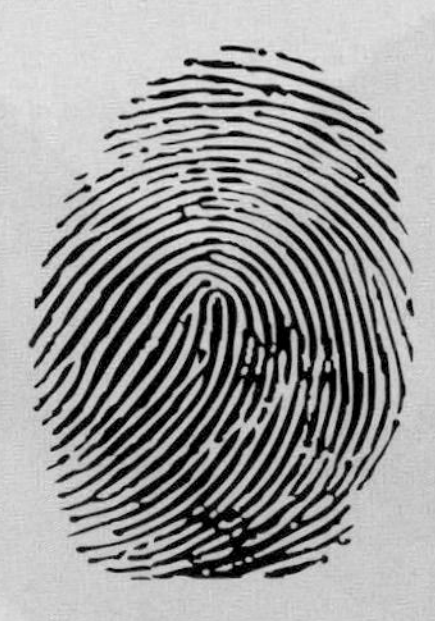

fingerprint
l'empreinte digitale

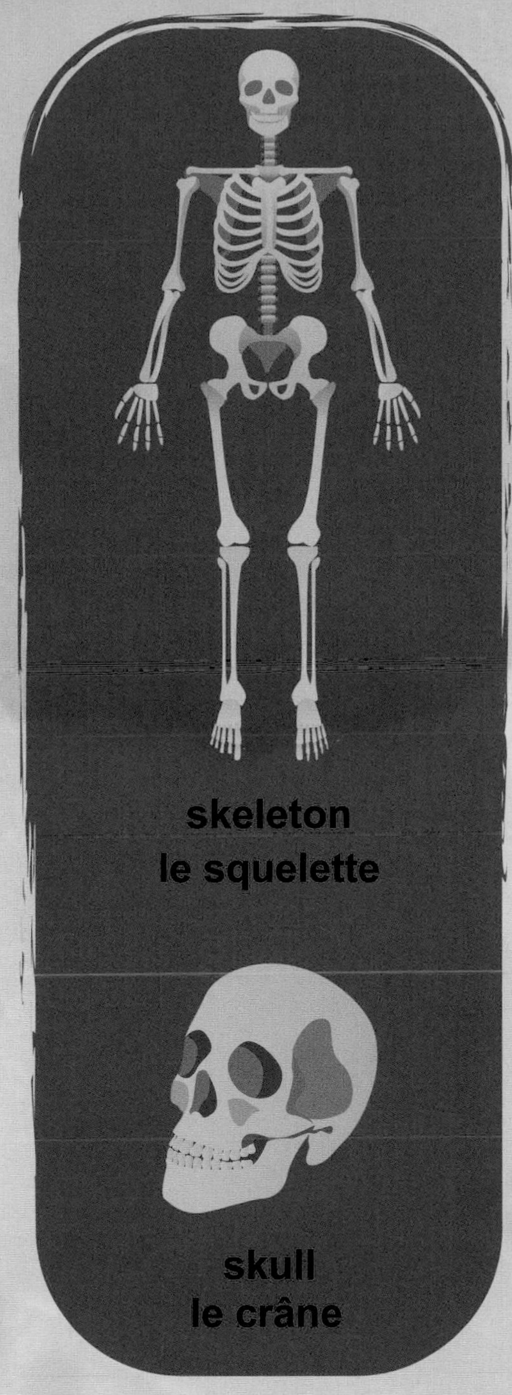

skeleton
le squelette

skull
le crâne

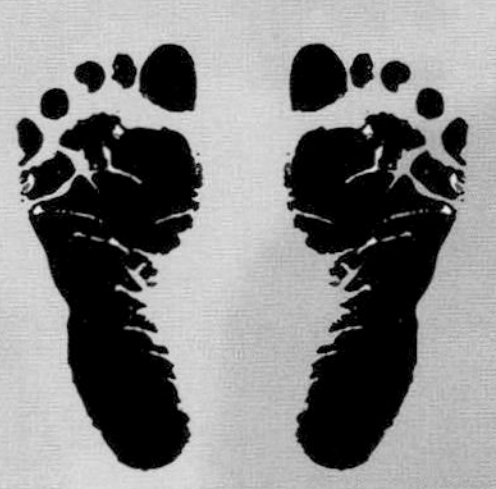

footprints
les traces de pas

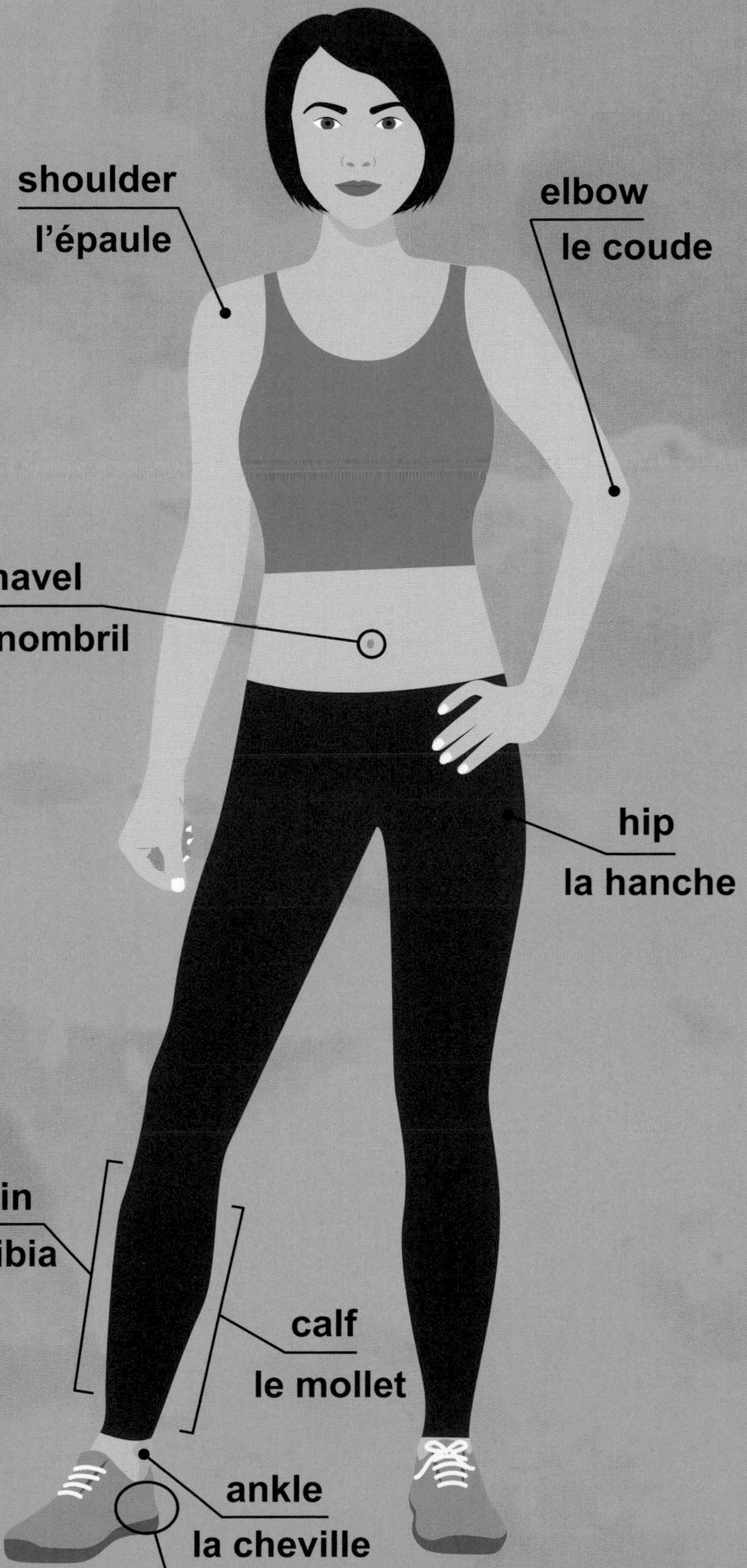

shoulder
l'épaule

elbow
le coude

navel
le nombril

hip
la hanche

shin
le tibia

calf
le mollet

ankle
la cheville

heel
le talon

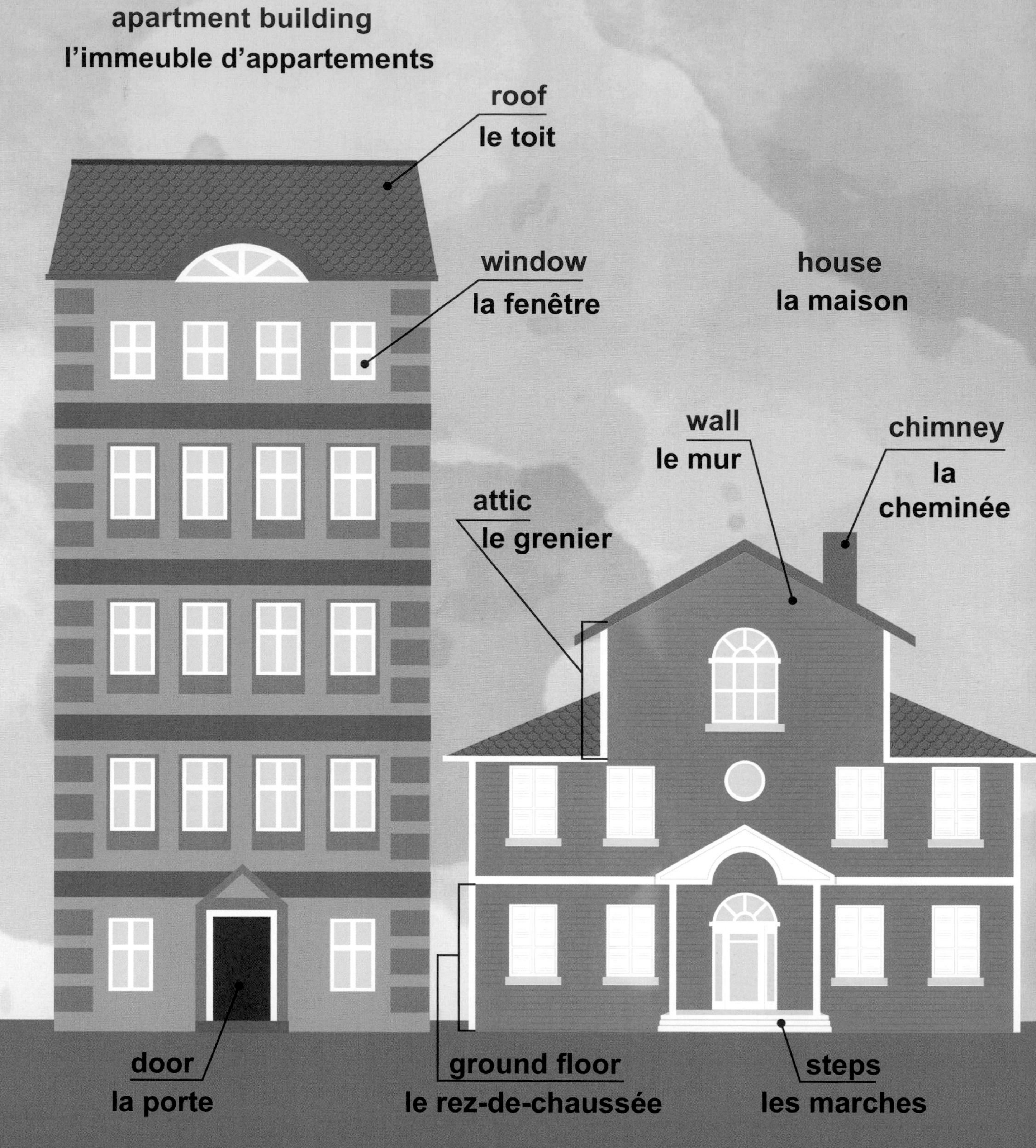
apartment building
l'immeuble d'appartements
roof
le toit
window
la fenêtre
house
la maison
wall
le mur
chimney
la
cheminée
attic
le grenier
door
la porte
ground floor
le rez-de-chaussée
steps
les marches

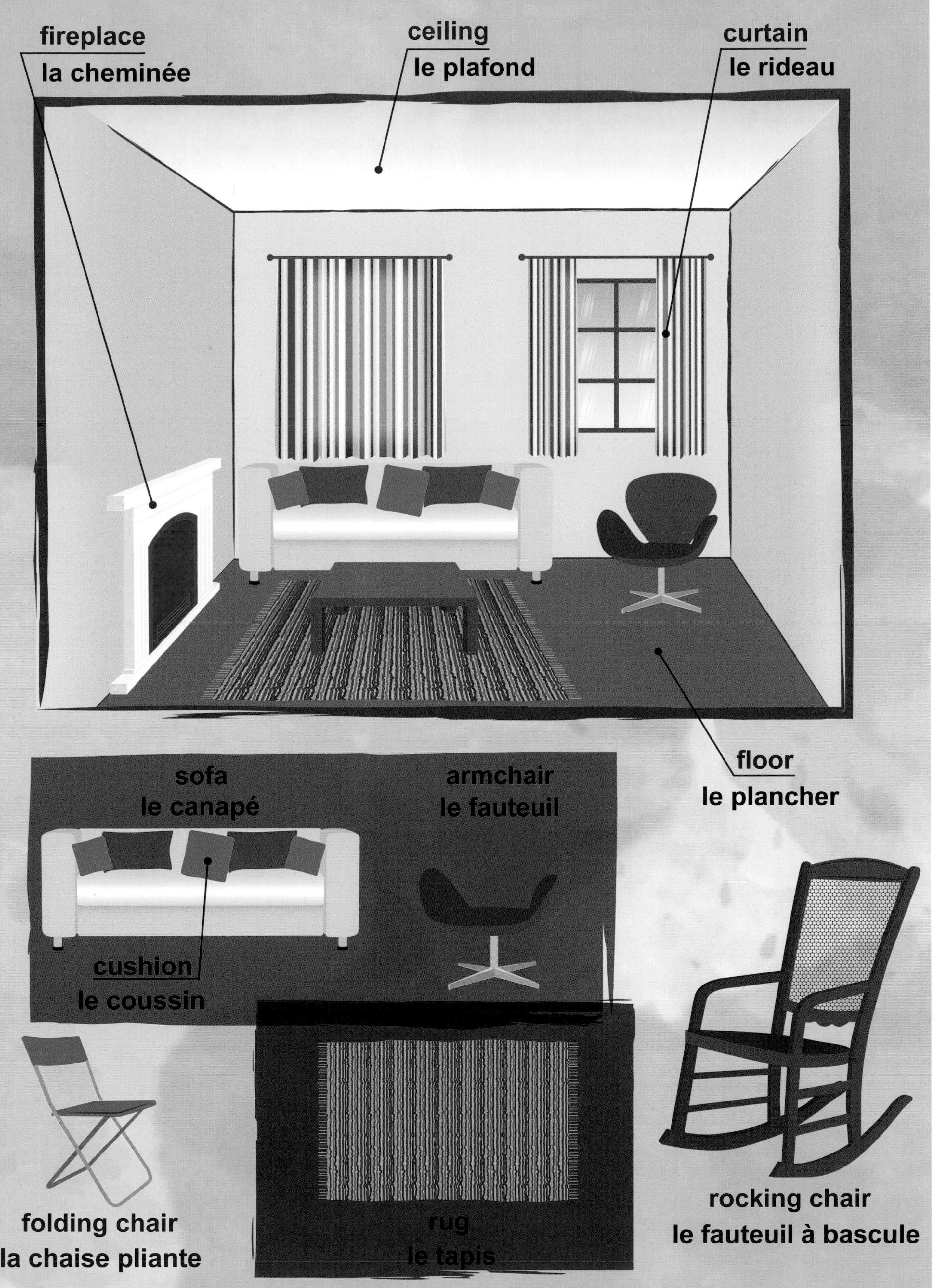
fireplace
la cheminée
ceiling
le plafond
curtain
le rideau
floor
le plancher
sofa
le canapé
armchair
le fauteuil
cushion
le coussin
folding chair
la chaise pliante
rug
le tapis
rocking chair
le fauteuil à bascule

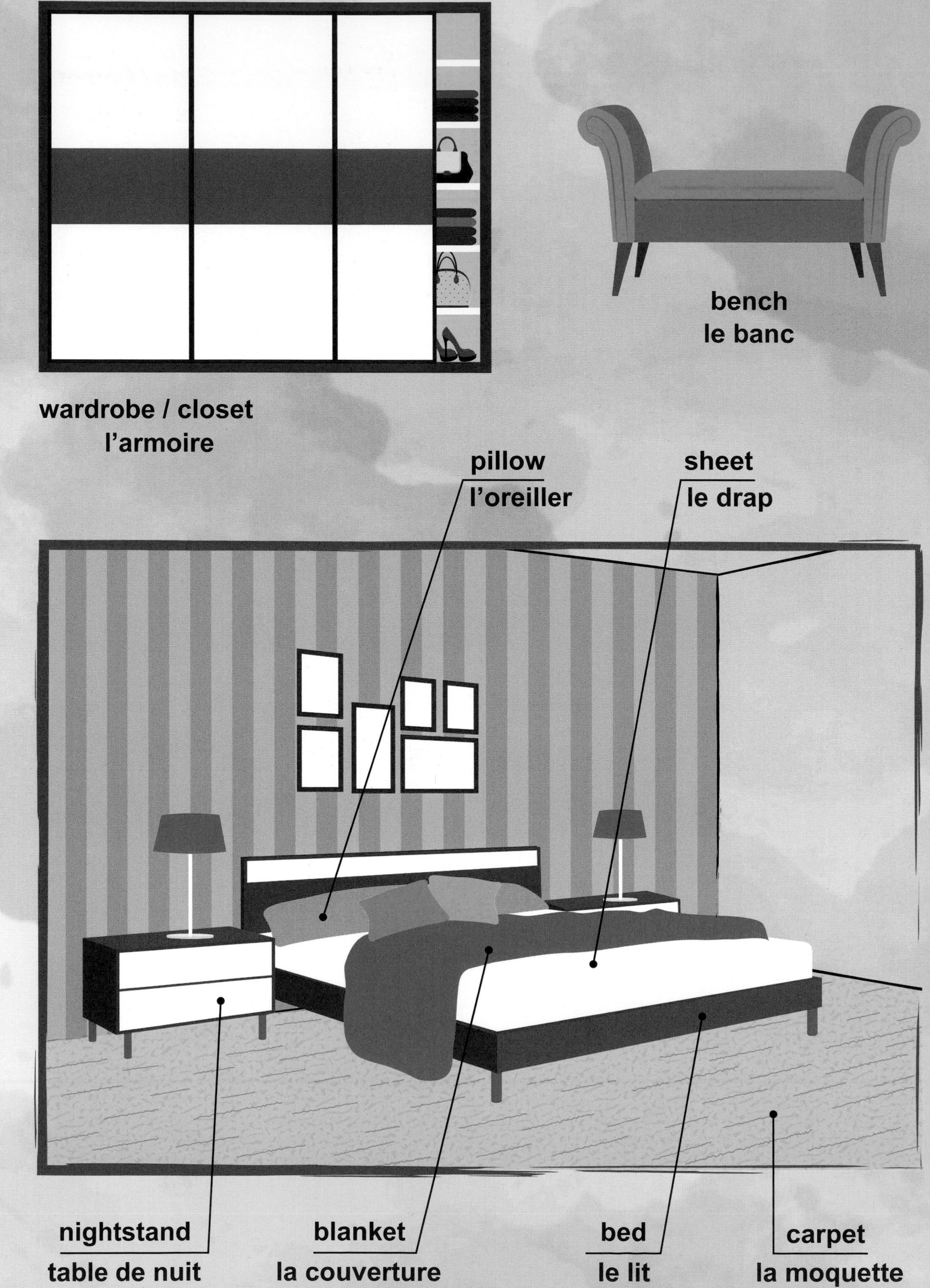
bench
le banc
wardrobe / closet
l'armoire
pillow
l'oreiller
sheet
le drap
nightstand
table de nuit
blanket
la couverture
bed
le lit
carpet
la moquette

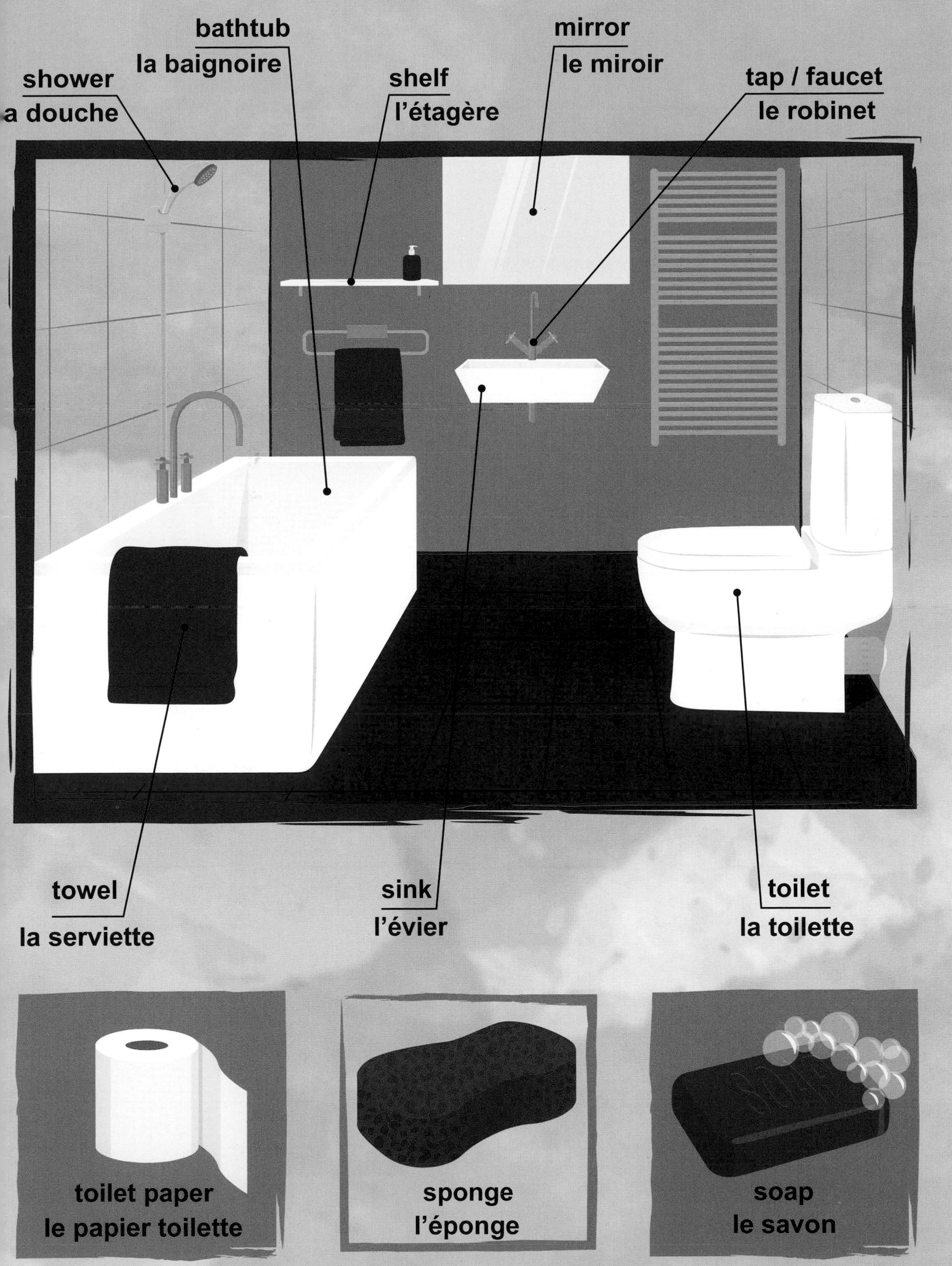
shower
a douche
bathtub
la baignoire
shelf
l'étagère
mirror
le miroir
tap / faucet
le robinet
towel
la serviette
sink
l'évier
toilet
la toilette
toilet paper
le papier toilette
sponge
l'éponge
soap
le savon
SOAP

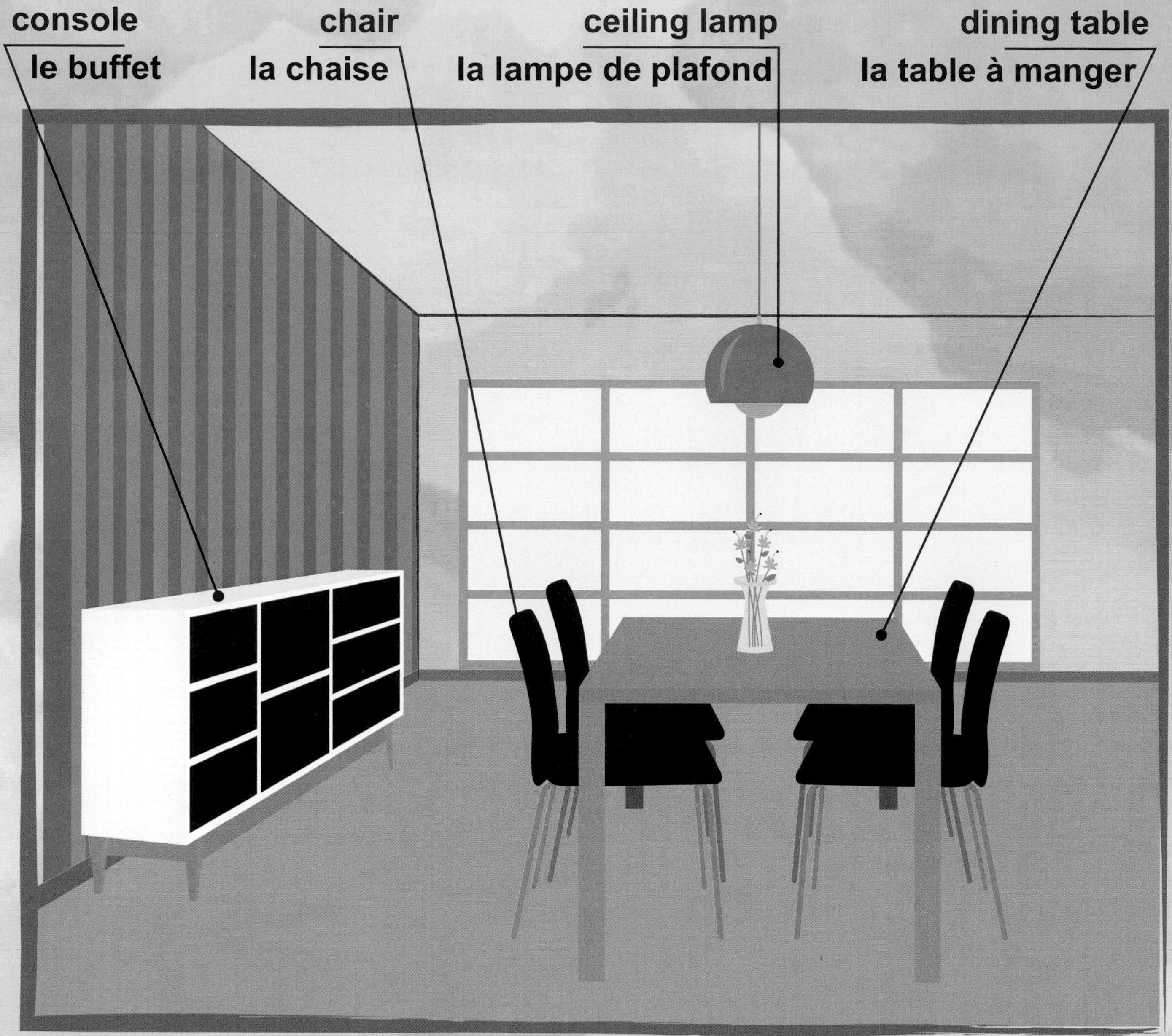

console
le buffet

chair
la chaise

ceiling lamp
la lampe de plafond

dining table
la table à manger

cabinet
le placard

place setting
le couvert

stool
le tabouret

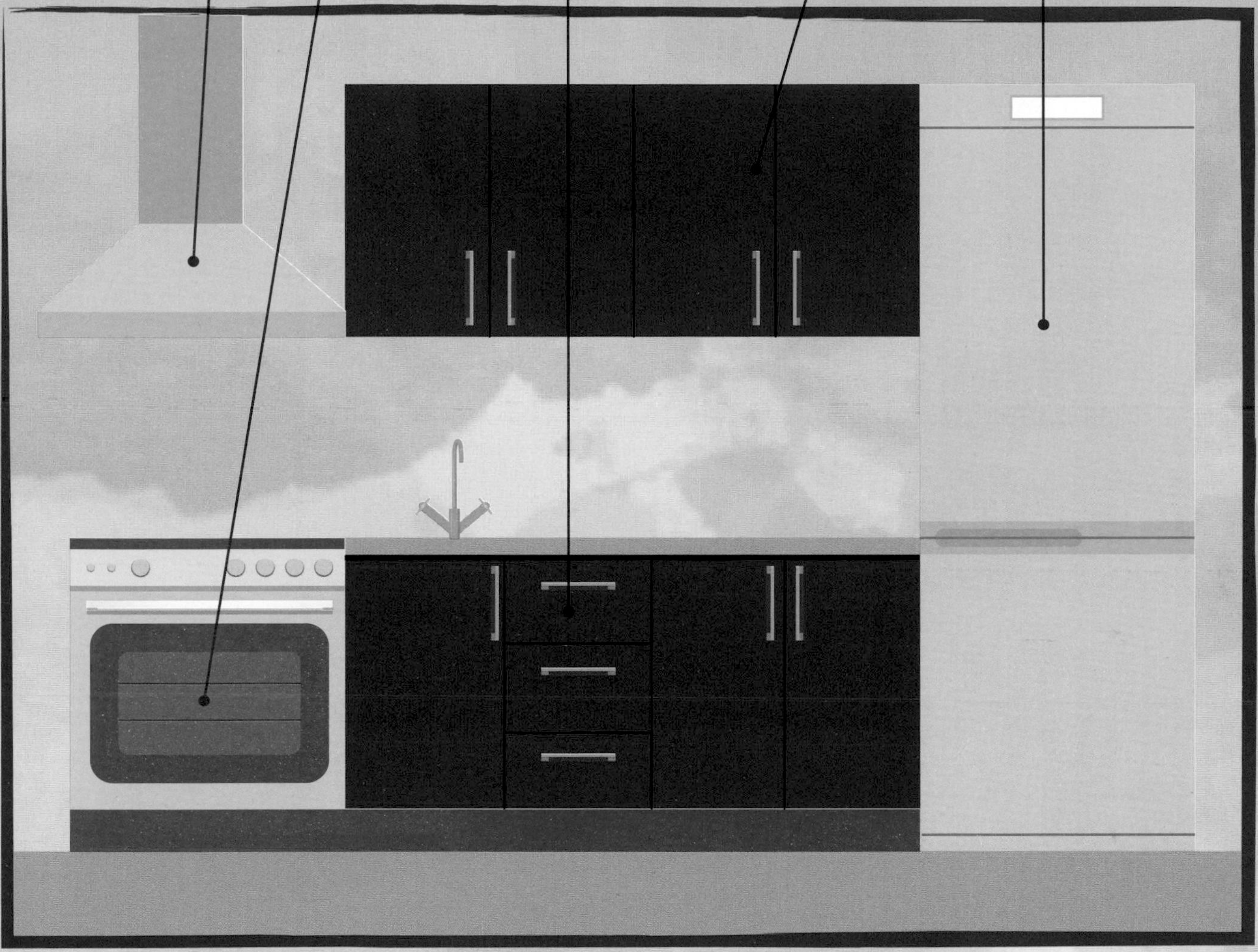

range hood
la hotte

oven
le four

drawer
le tiroir

cabinet
le placard

refrigerator
le réfrigérateur

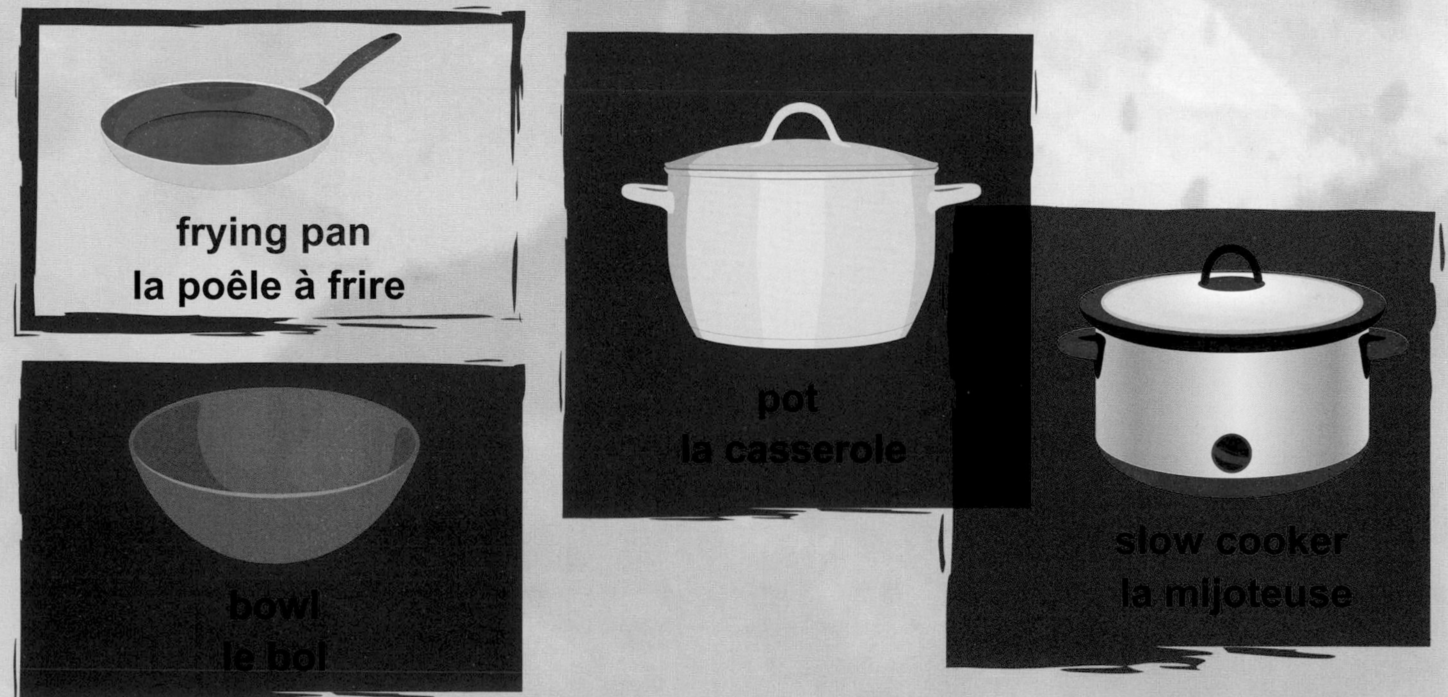

frying pan
la poêle à frire

pot
la casserole

bowl
le bol

slow cooker
la mijoteuse

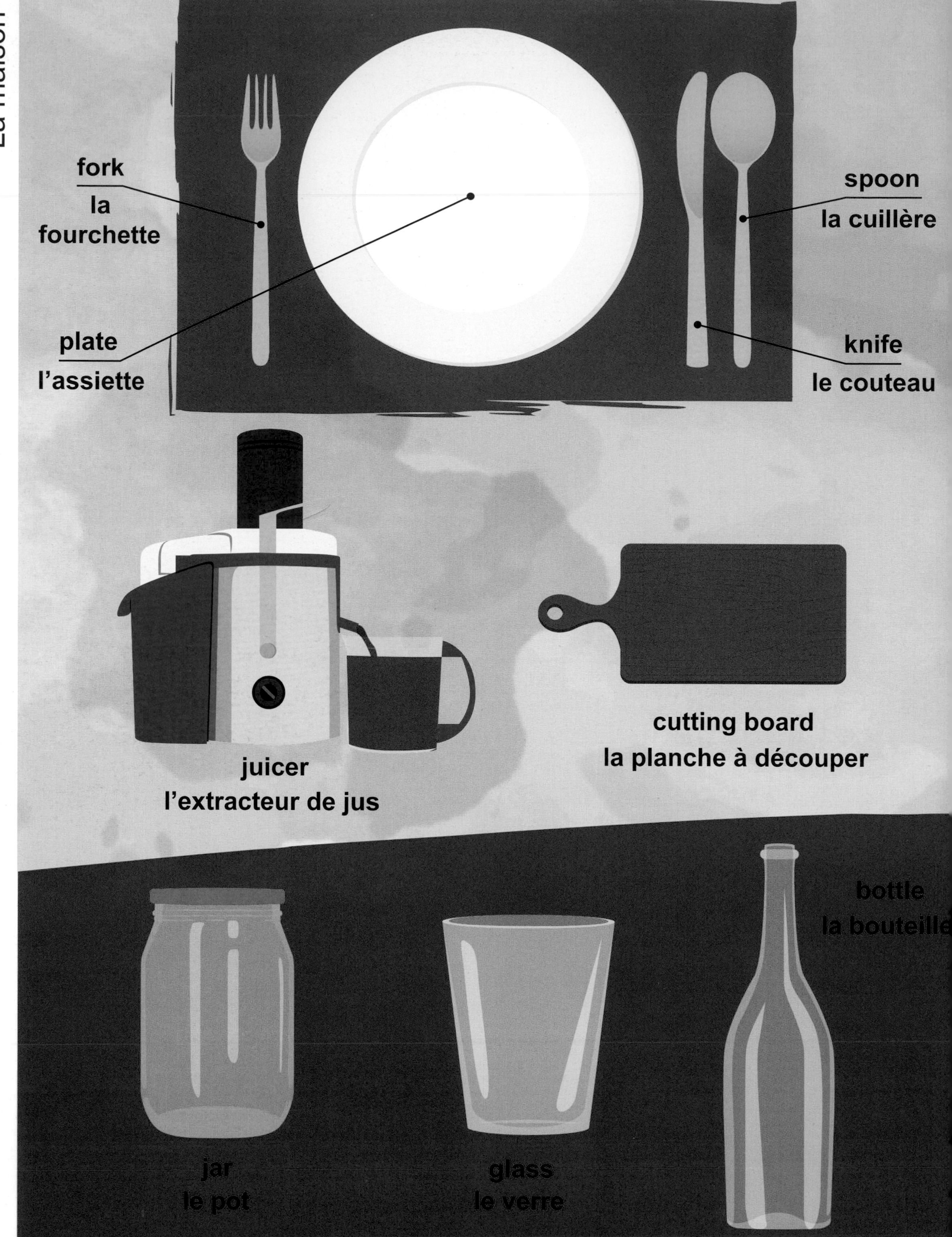
fork
la fourchette
spoon
la cuillère
plate
l'assiette
knife
le couteau
juicer
l'extracteur de jus
cutting board
la planche à découper
bottle
la bouteille
jar
le pot
glass
le verre

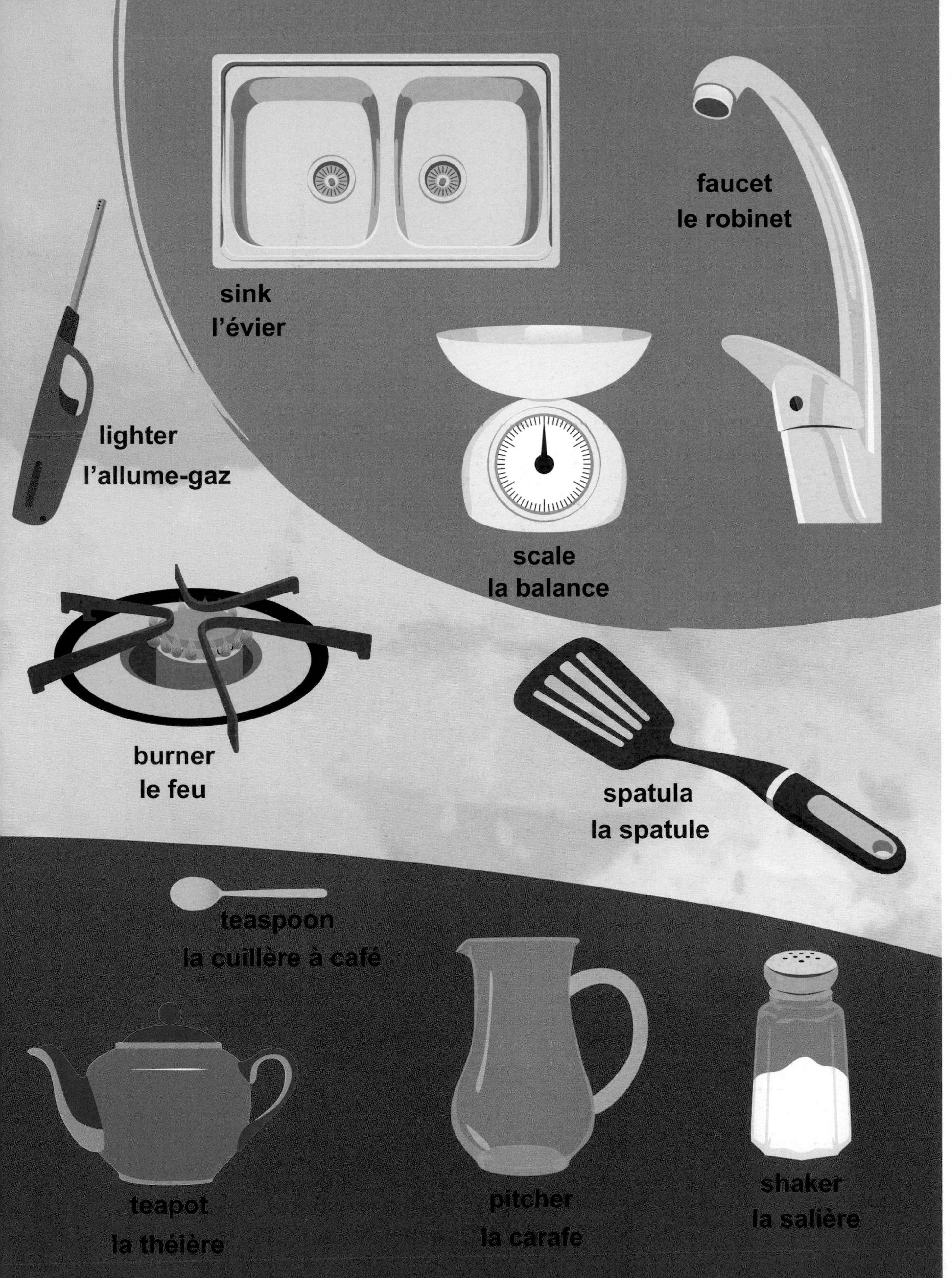
sink
l'évier
faucet
le robinet
lighter
l'allume-gaz
scale
la balance
burner
le feu
spatula
la spatule
teaspoon
la cuillère à café
teapot
la théière
pitcher
la carafe
shaker
la salière

mixer
le batteur

toaster oven
le four grille-pain

food processor
le robot culinaire

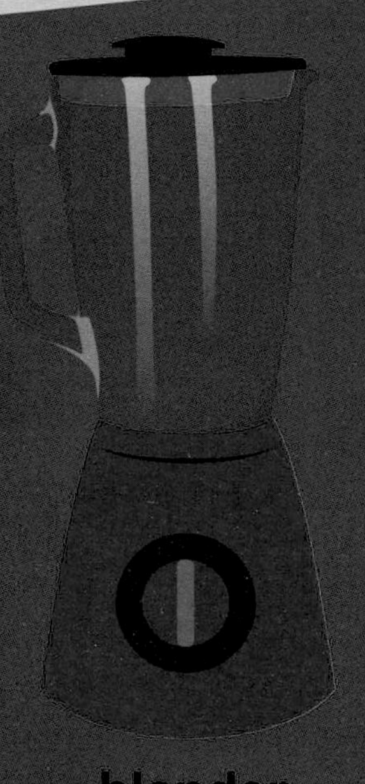

blender
le mixeur

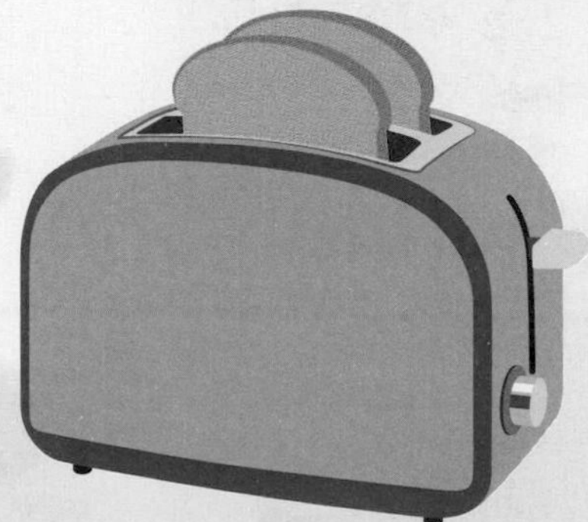

toaster
le grille-pain

microwave oven
le four à micro ondes

dishwasher
le lave-vaisselle

washing machine
la machine à laver

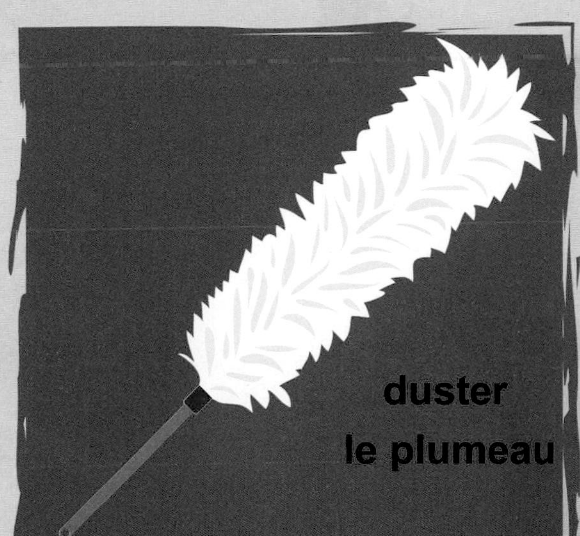

duster
le plumeau

iron
le fer à repasser

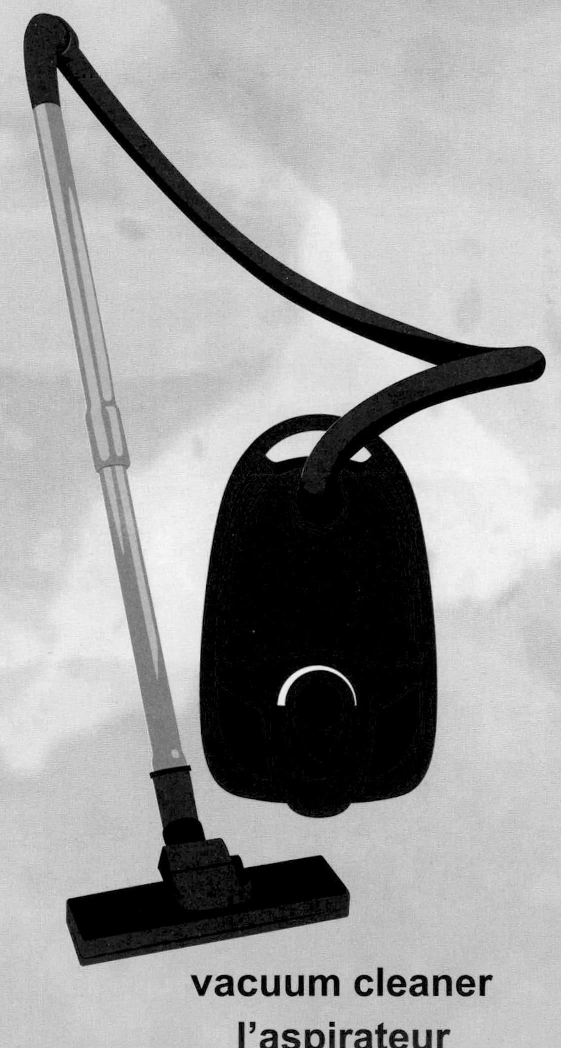

vacuum cleaner
l'aspirateur

chandelier
le lustre
ceiling fan
le ventilateur
spotlight
le projecteur
table lamp
la lampe
floor lamp
le lampadaire
desk lamp
la lampe de bureau

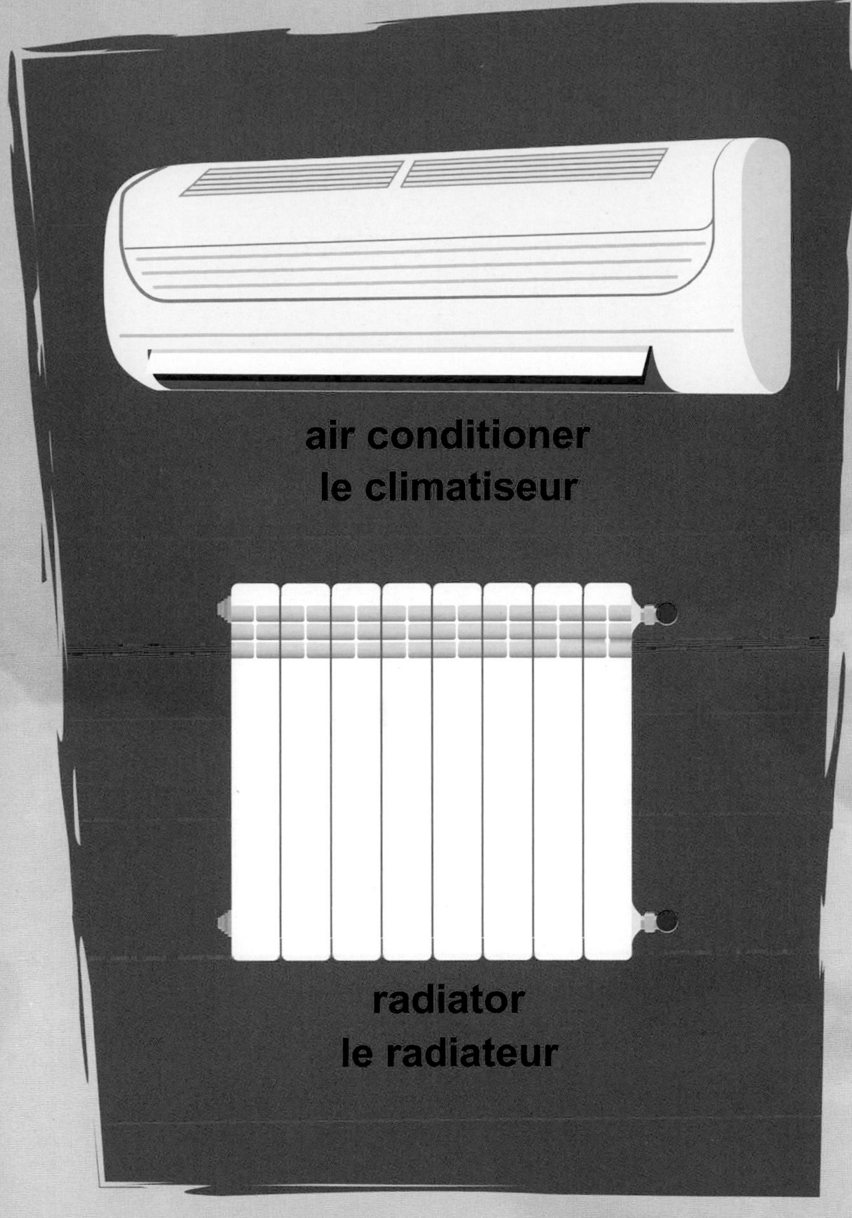

air conditioner
le climatiseur

radiator
le radiateur

electrical outlet
la prise électrique

key
la clé

door handle
la poignée
de porte

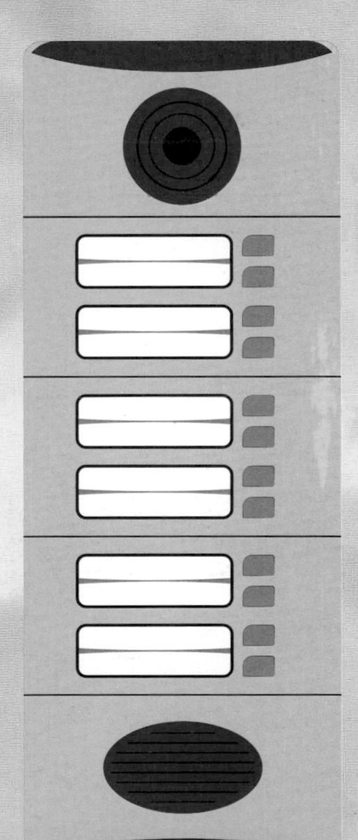

door buzzer
l'interphone

doorbell
la sonnette

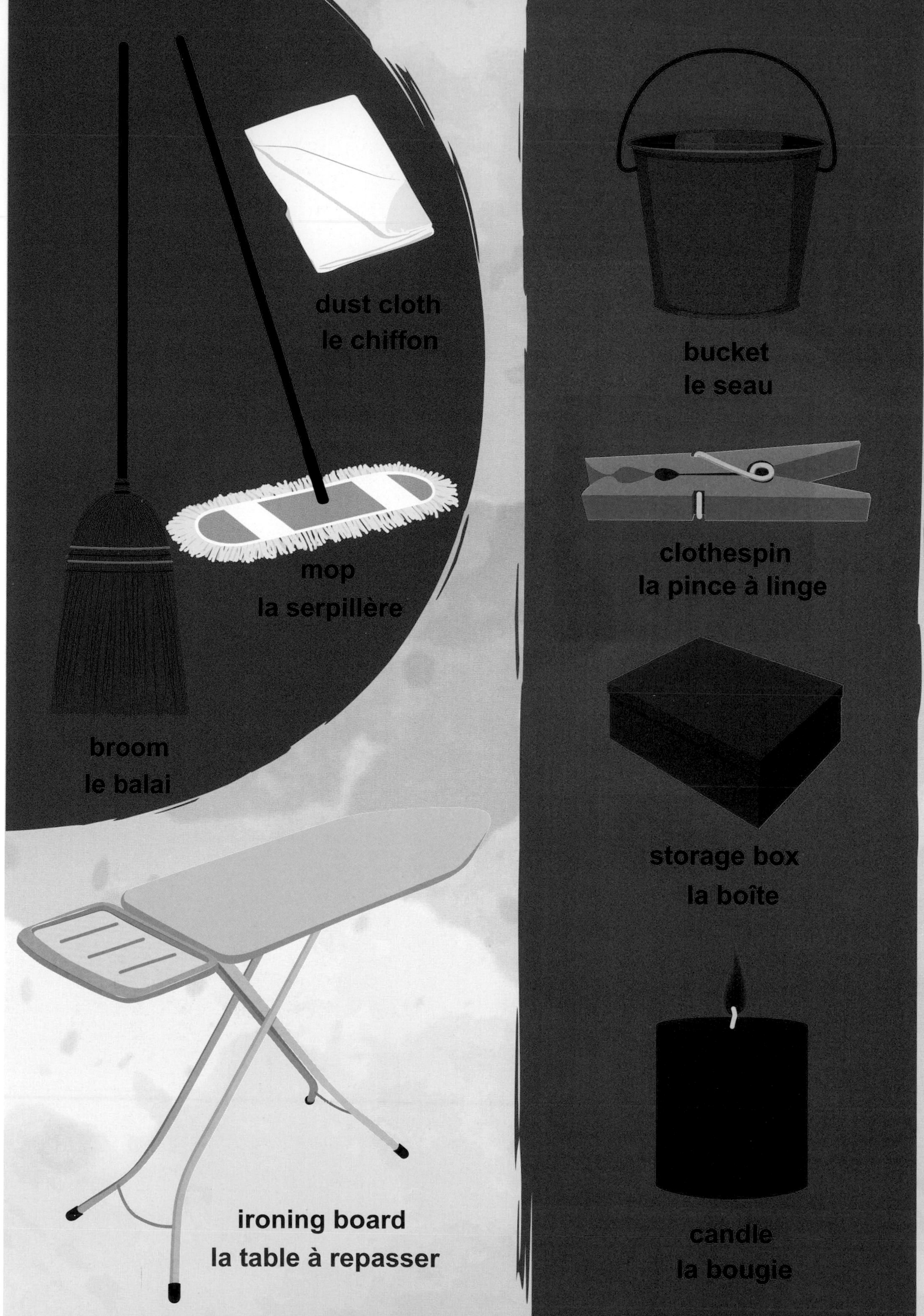
dust cloth
le chiffon
mop
la serpillère
broom
le balai
ironing board
la table à repasser
bucket
le seau
clothespin
la pince à linge
storage box
la boîte
candle
la bougie

flowerpot
le pot de fleurs

vase
le vase

jerrycan
le jerrican

rubbish bag / garbage bag
la poubelle

doormat
le paillasson

clock
l’horloge

basket
le panier

dress
la robe
blouse
le chemisier
hat
le chapeau
tie
la cravate
skirt
la jupe
pumps
les escarpins
bow tie
le nœud papillon
suit
le costume
shoes
les
chaussures

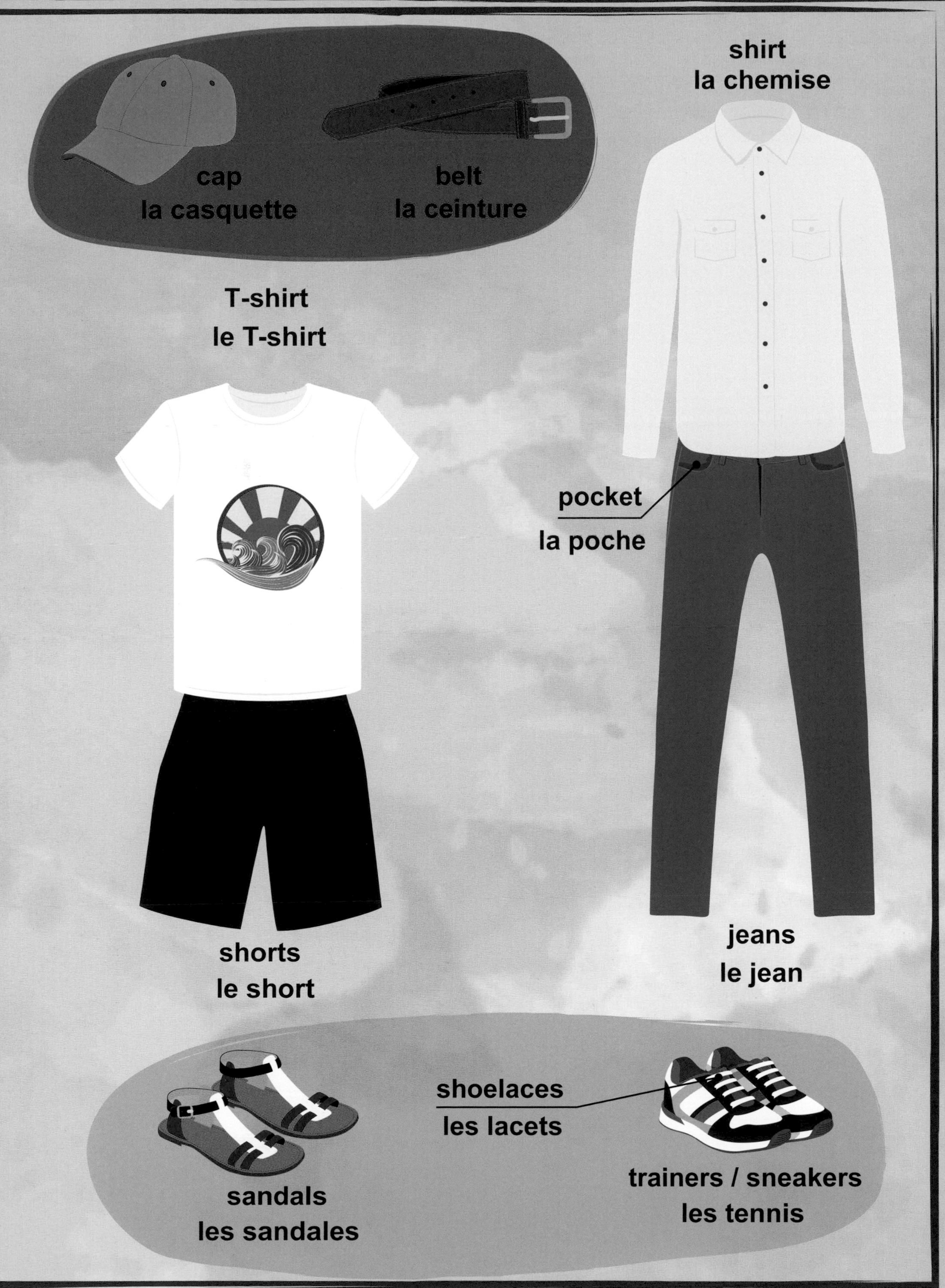
cap
la casquette
belt
la ceinture
shirt
la chemise
T-shirt
le T-shirt
pocket
la poche
shorts
le short
jeans
le jean
shoelaces
les lacets
sandals
les sandales
trainers / sneakers
les tennis

bathrobe
le peignoir

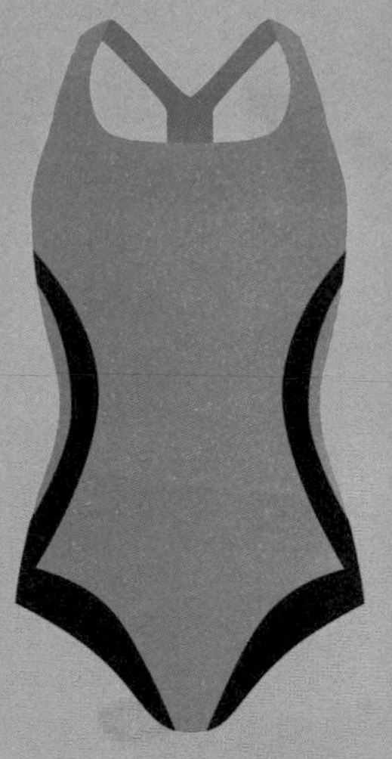

swimsuit
le maillot de bain

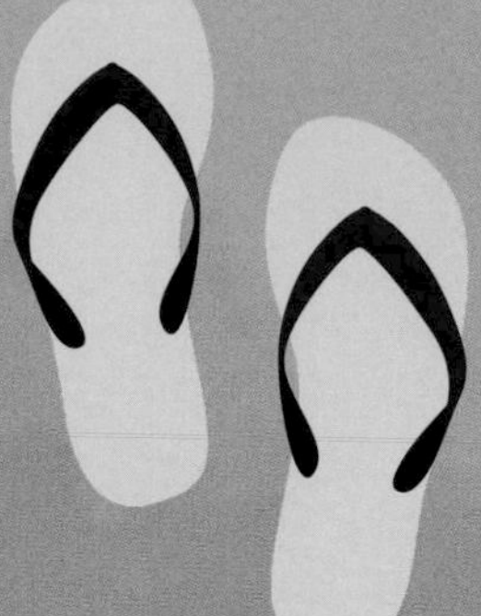

flip-flops
les tongues

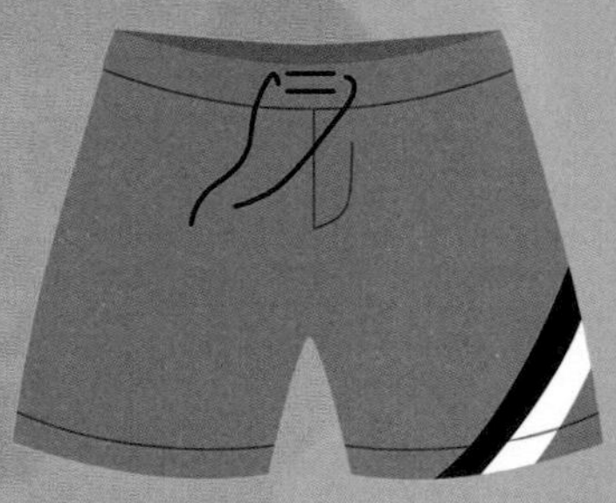

swim trunks
le short de bain

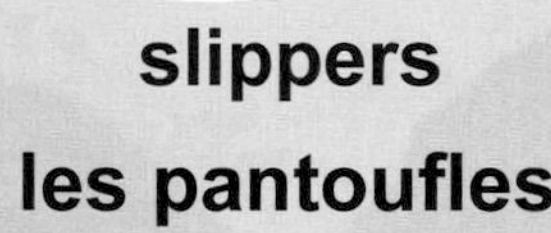

slippers
les pantoufles

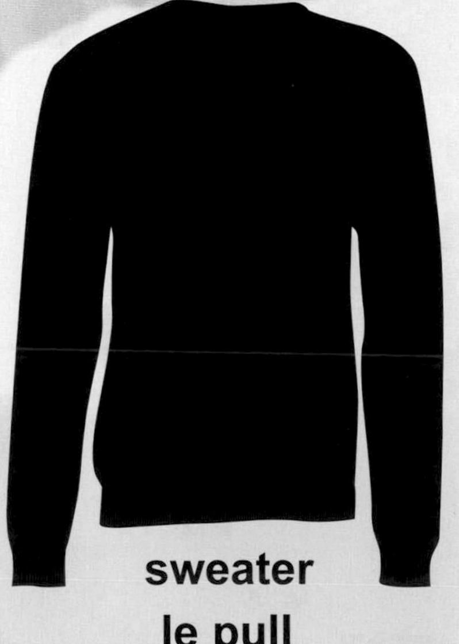

sweater
le pull

cardigan
le gilet

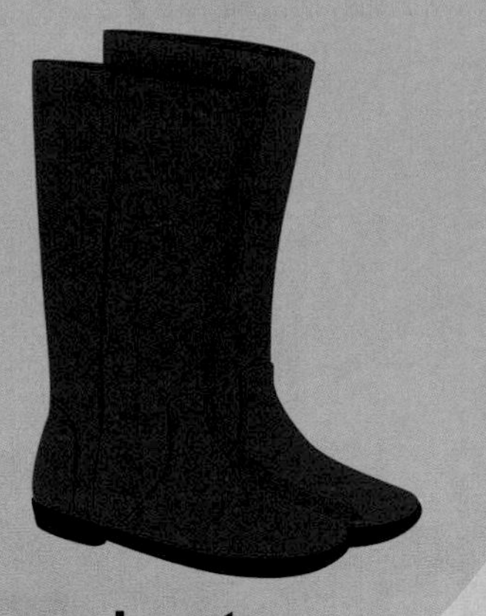

boots
les bottes

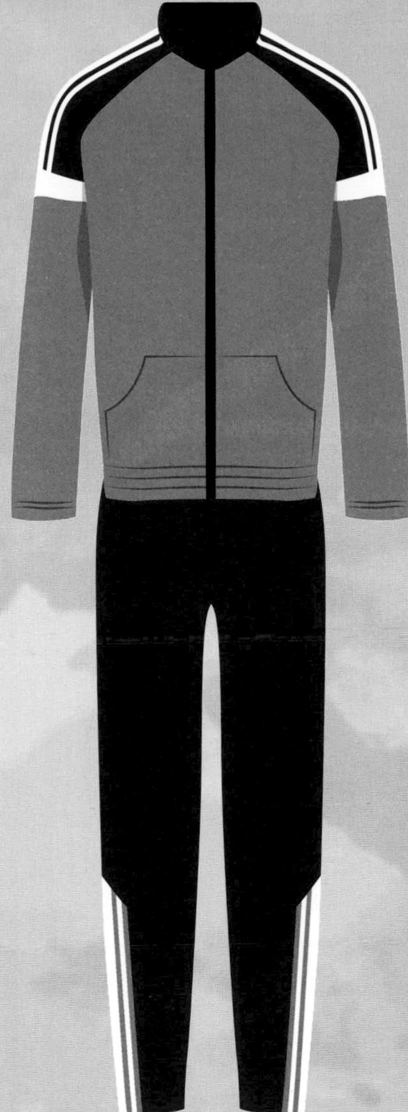

tracksuit
le survêtement

trousers
le pantalon

coat
le manteau

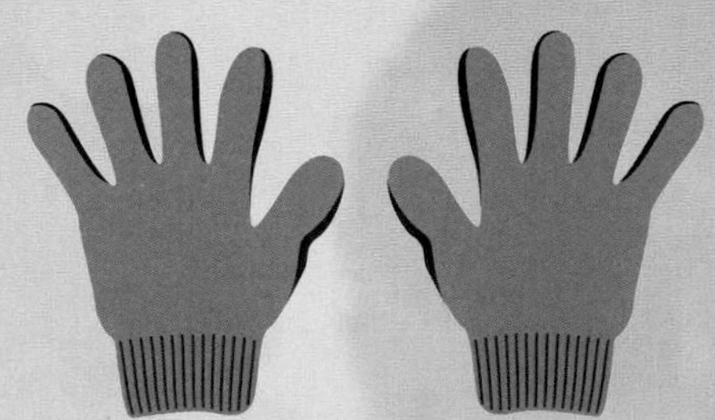

gloves
les gants

scarf
l'écharpe

socks
les chaussettes

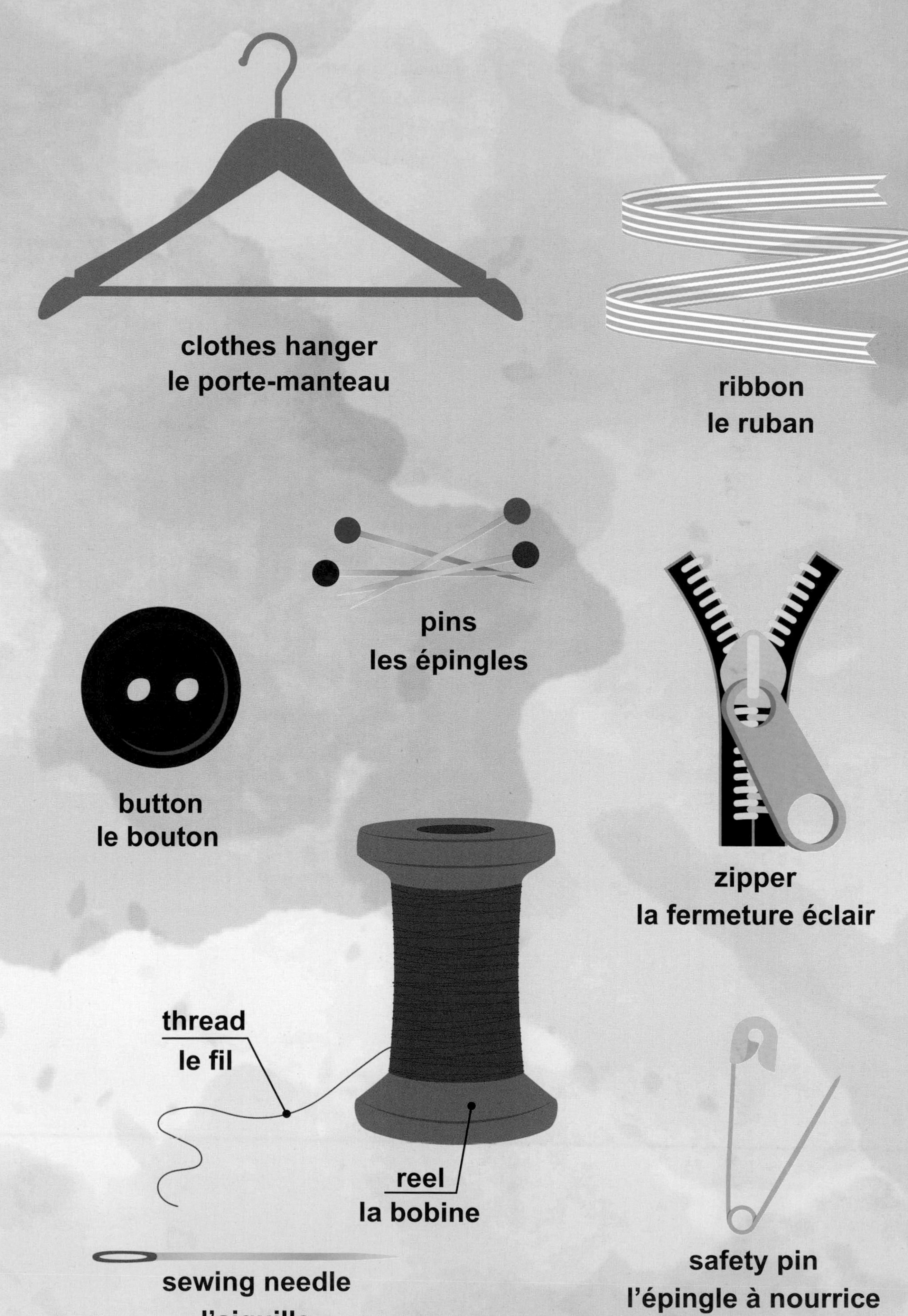
clothes hanger
le porte-manteau
ribbon
le ruban
pins
les épingles
button
le bouton
zipper
la fermeture éclair
thread
le fil
reel
la bobine
sewing needle
l'aiguille
safety pin
l'épingle à nourrice

eyeglasses
les lunettes

passport
le passeport

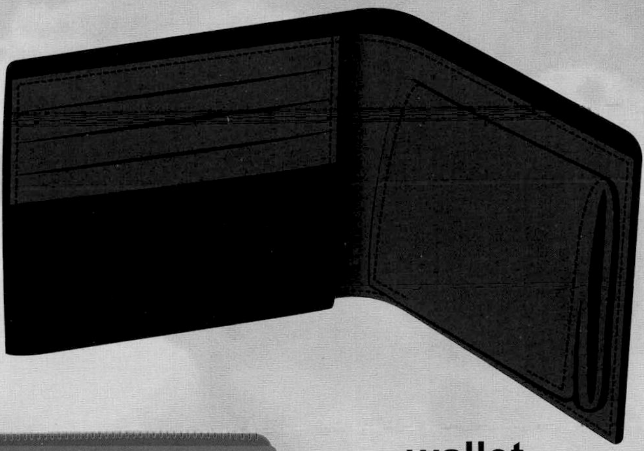

wallet
le portefeuille

purse
le sac à main

sunglasses
les lunettes de soleil

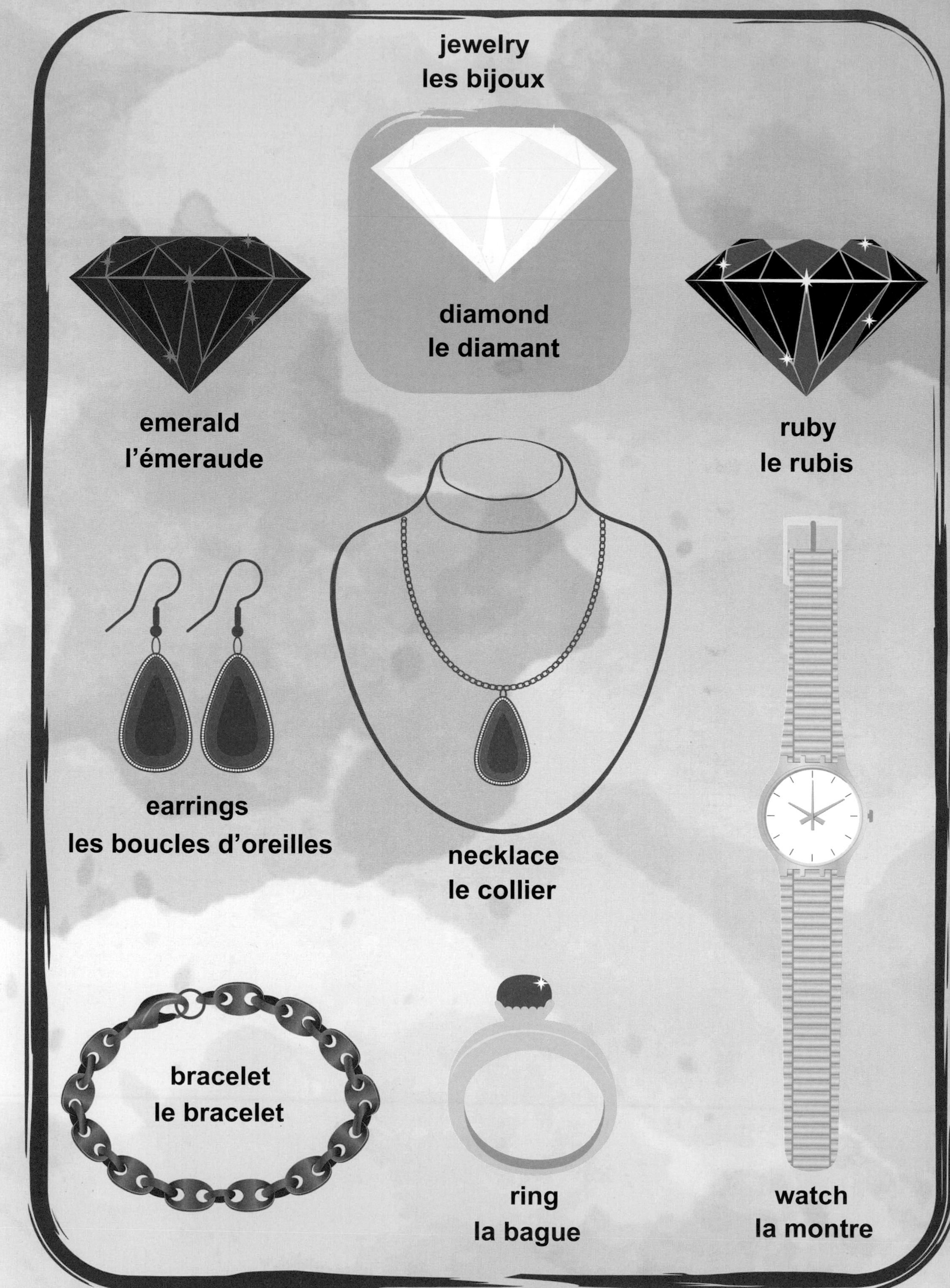
jewelry
les bijoux
diamond
le diamant
emerald
l'émeraude
ruby
le rubis
earrings
les boucles d'oreilles
necklace
le collier
bracelet
le bracelet
ring
la bague
watch
la montre

umbrella
le parapluie
suitcase
la valise
briefcase
la mallette
handbag
le sac à main
backpack
le sac à dos

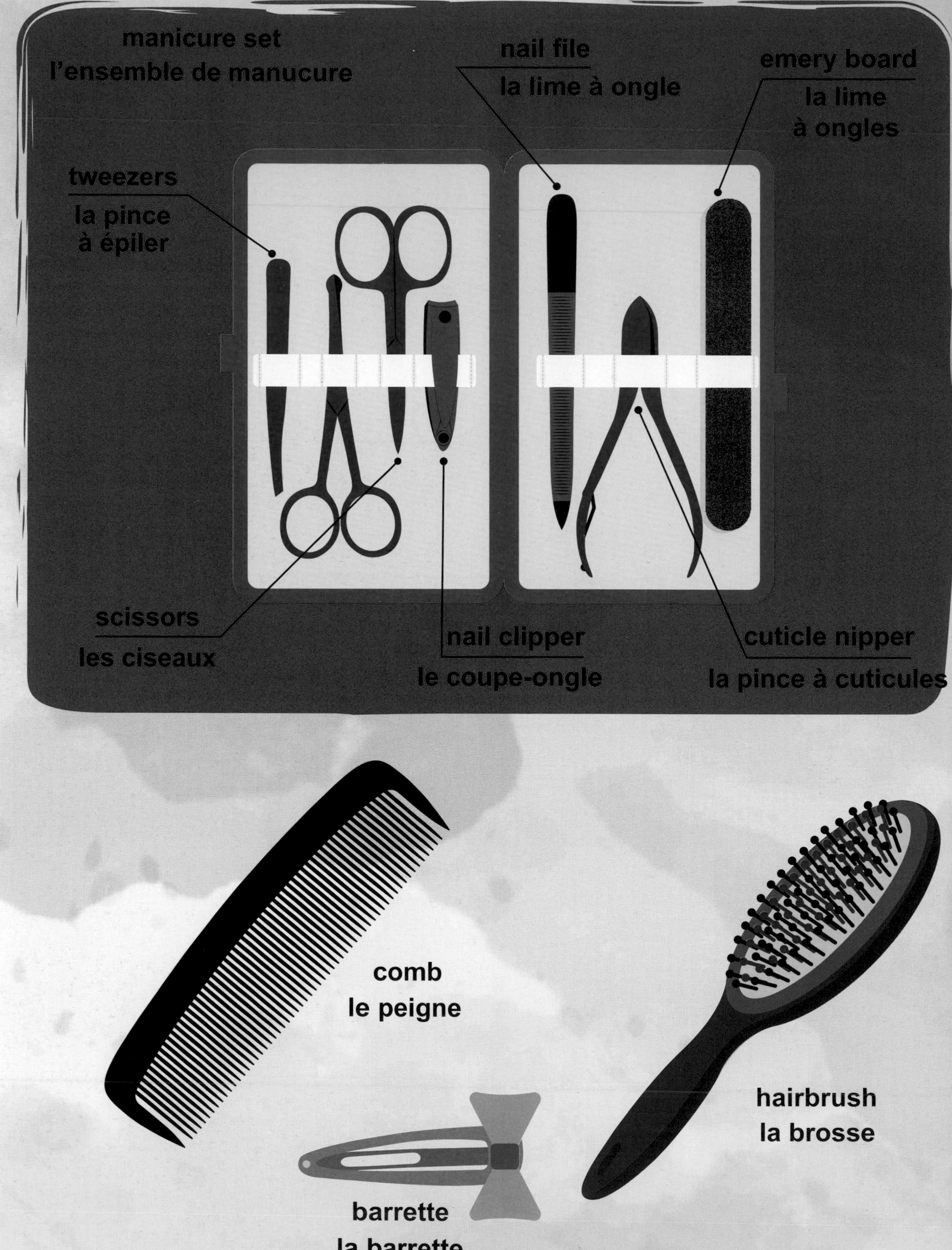
manicure set
l'ensemble de manucure
nail file
la lime à ongle
emery board
la lime
à ongles
tweezers
la pince
à épiler
scissors
les ciseaux
nail clipper
le coupe-ongle
cuticle nipper
la pince à cuticules
comb
le peigne
hairbrush
la brosse
barrette
la barrette

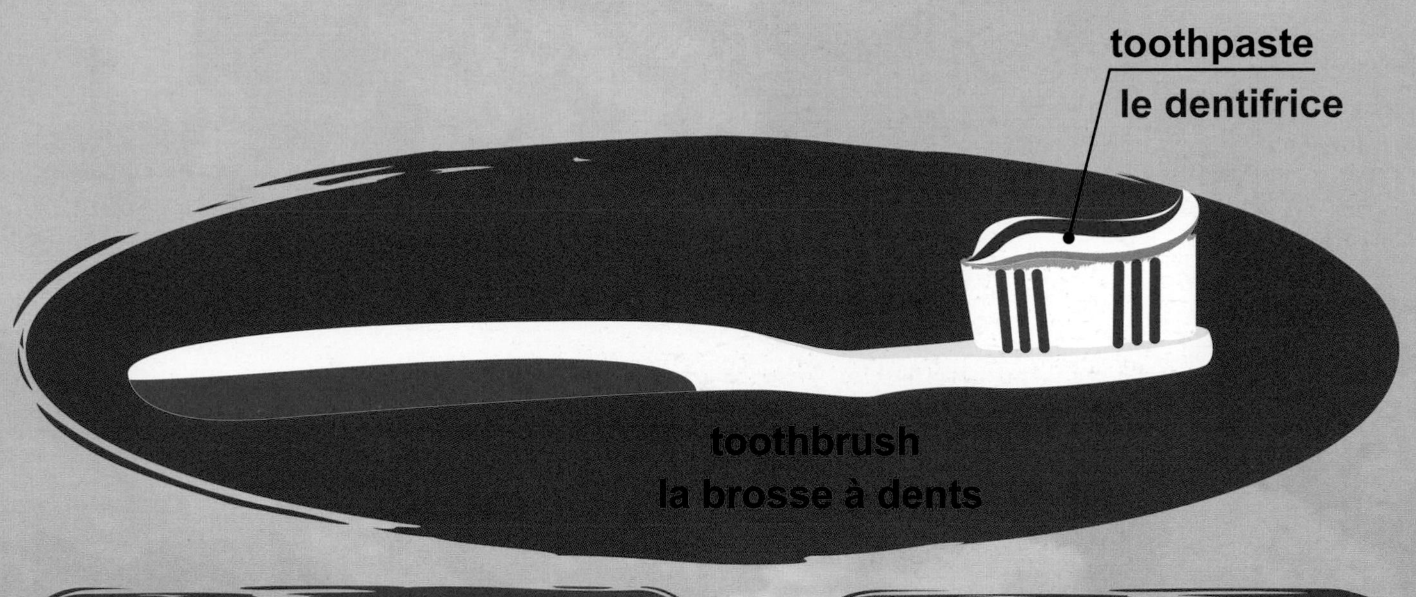
toothpaste
le dentifrice
toothbrush
la brosse à dents

perfume
le parfum

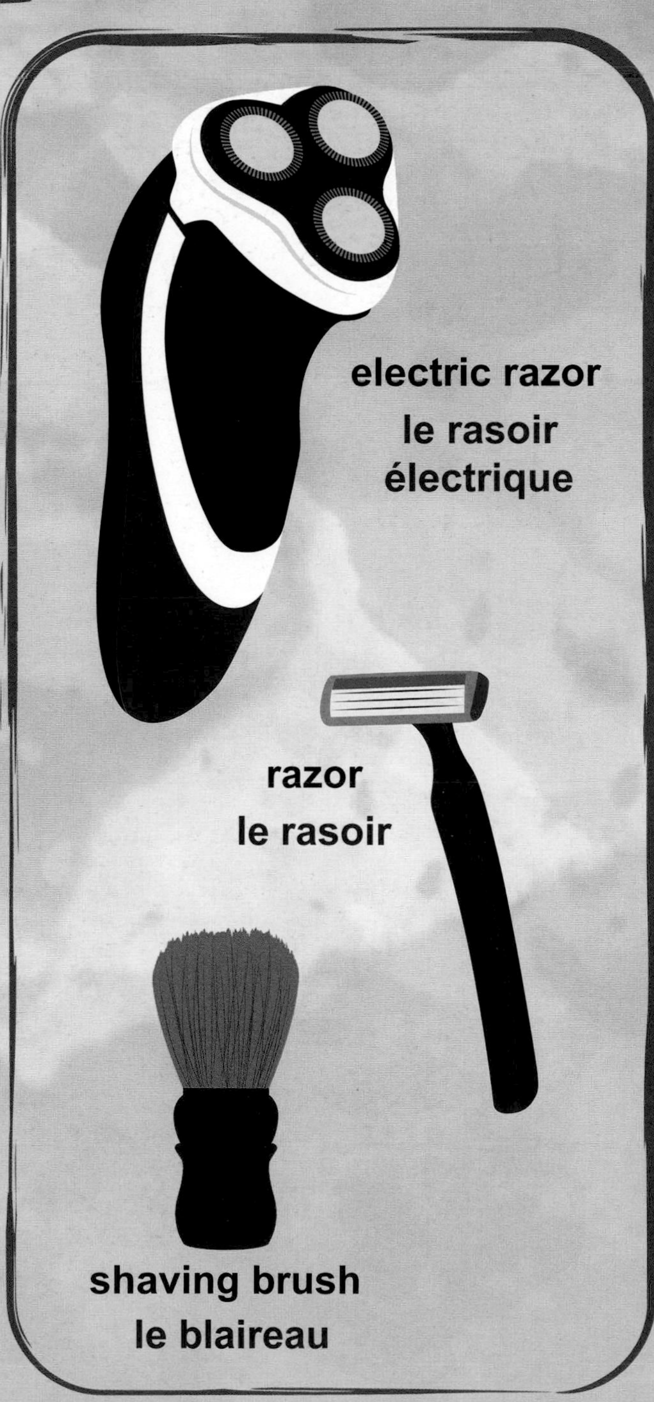
electric razor
le rasoir
électrique
razor
le rasoir
shaving brush
le blaireau

hair dryer
le sèche-cheveux

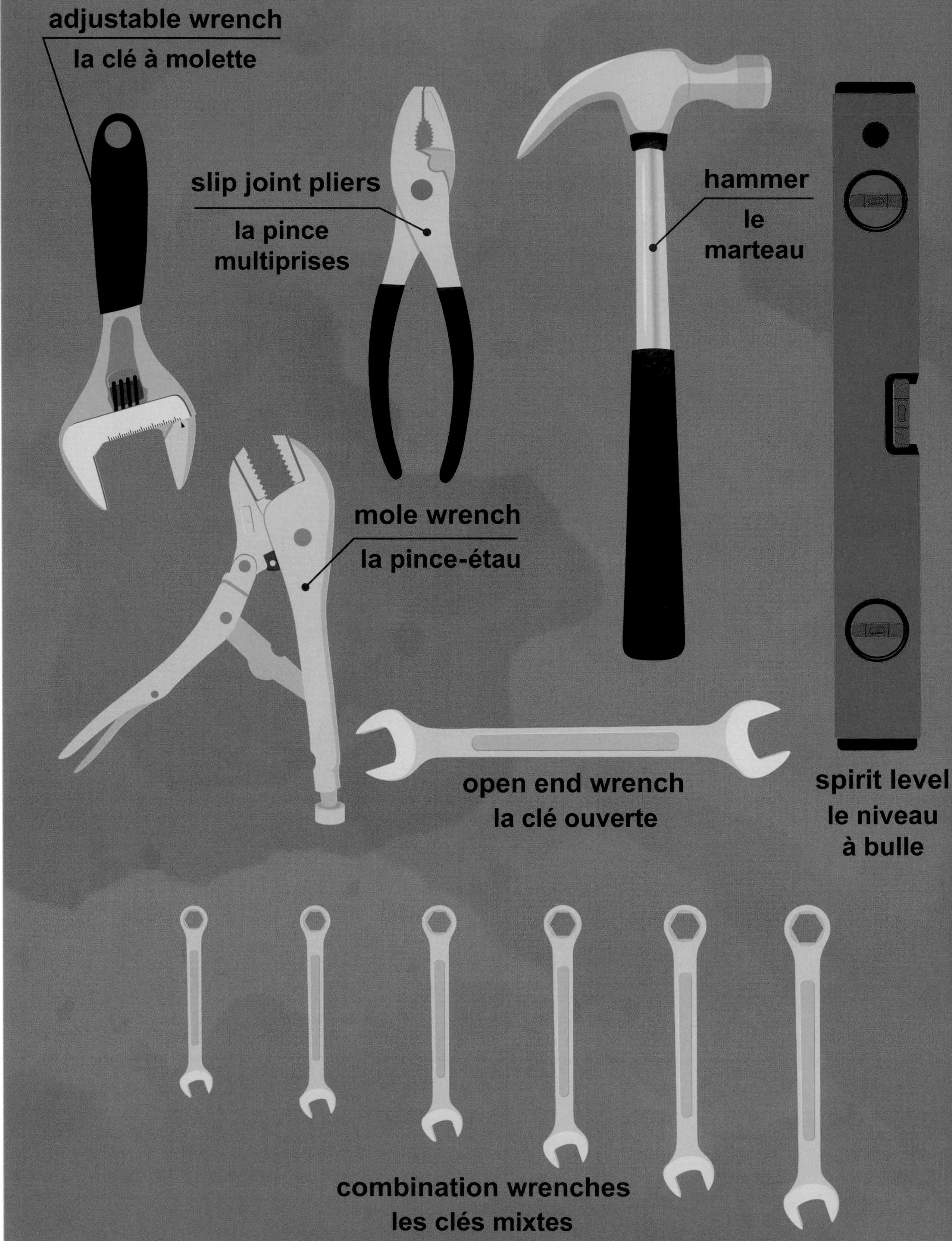
adjustable wrench
la clé à molette
slip joint pliers
la pince multiprises
hammer
le marteau
mole wrench
la pince-étau
open end wrench
la clé ouverte
spirit level
le niveau à bulle
combination wrenches
les clés mixtes

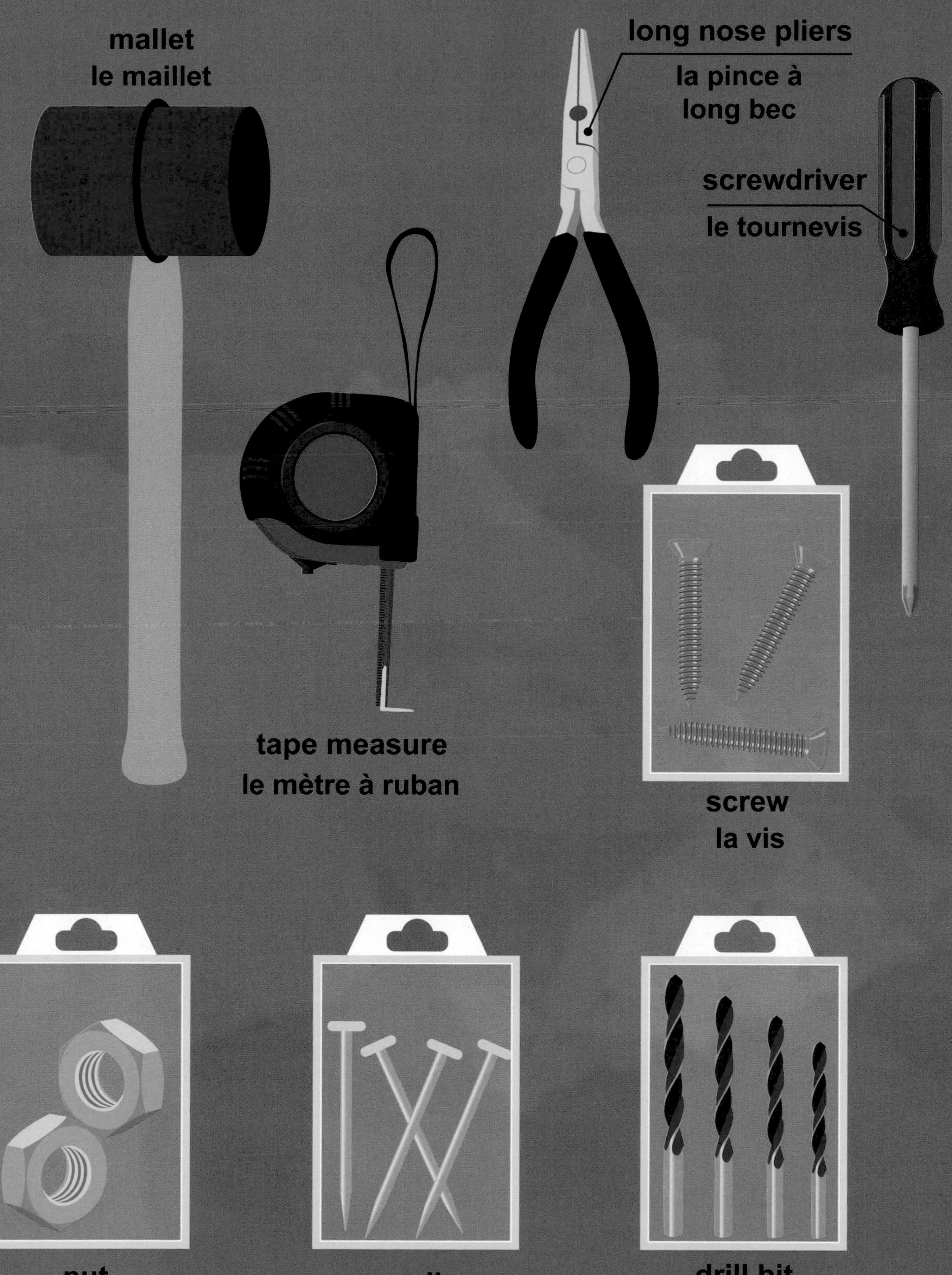
mallet
le maillet
long nose pliers
la pince à
long bec
screwdriver
le tournevis
tape measure
le mètre à ruban
screw
la vis
nut
l'écrou
nail
le clou
drill bit
le foret

chain
la chaîne
plug
la prise
padlock
le cadenas
battery
la pile
toolbox
la boîte à outils
car battery
la batterie de voiture
electric drill
la perceuse
safety helmet
le casque
torch / flashlight
la torche
ladder
l'échelle

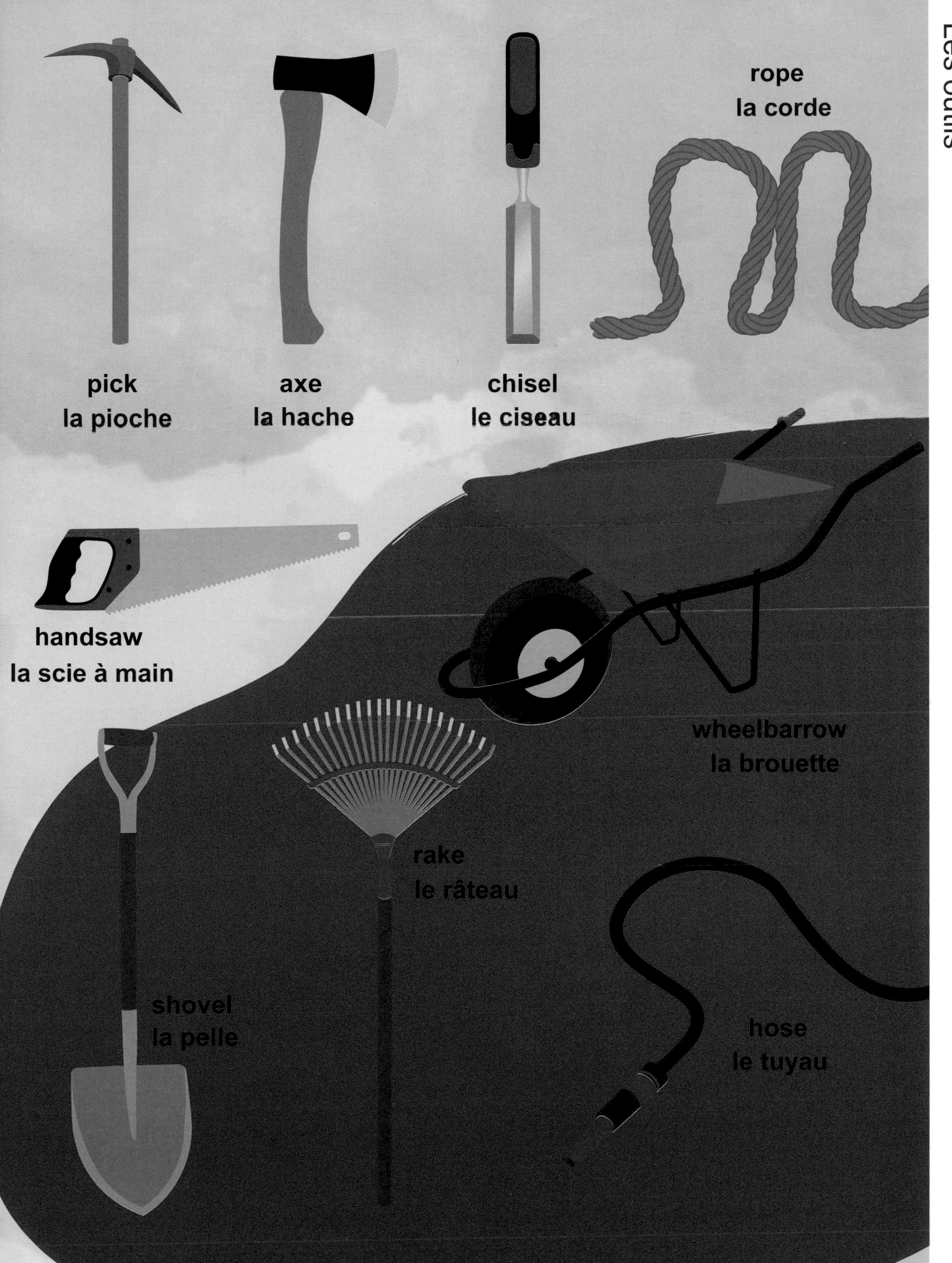
pick
la pioche
axe
la hache
chisel
le ciseau
rope
la corde
handsaw
la scie à main
wheelbarrow
la brouette
shovel
la pelle
rake
le râteau
hose
le tuyau

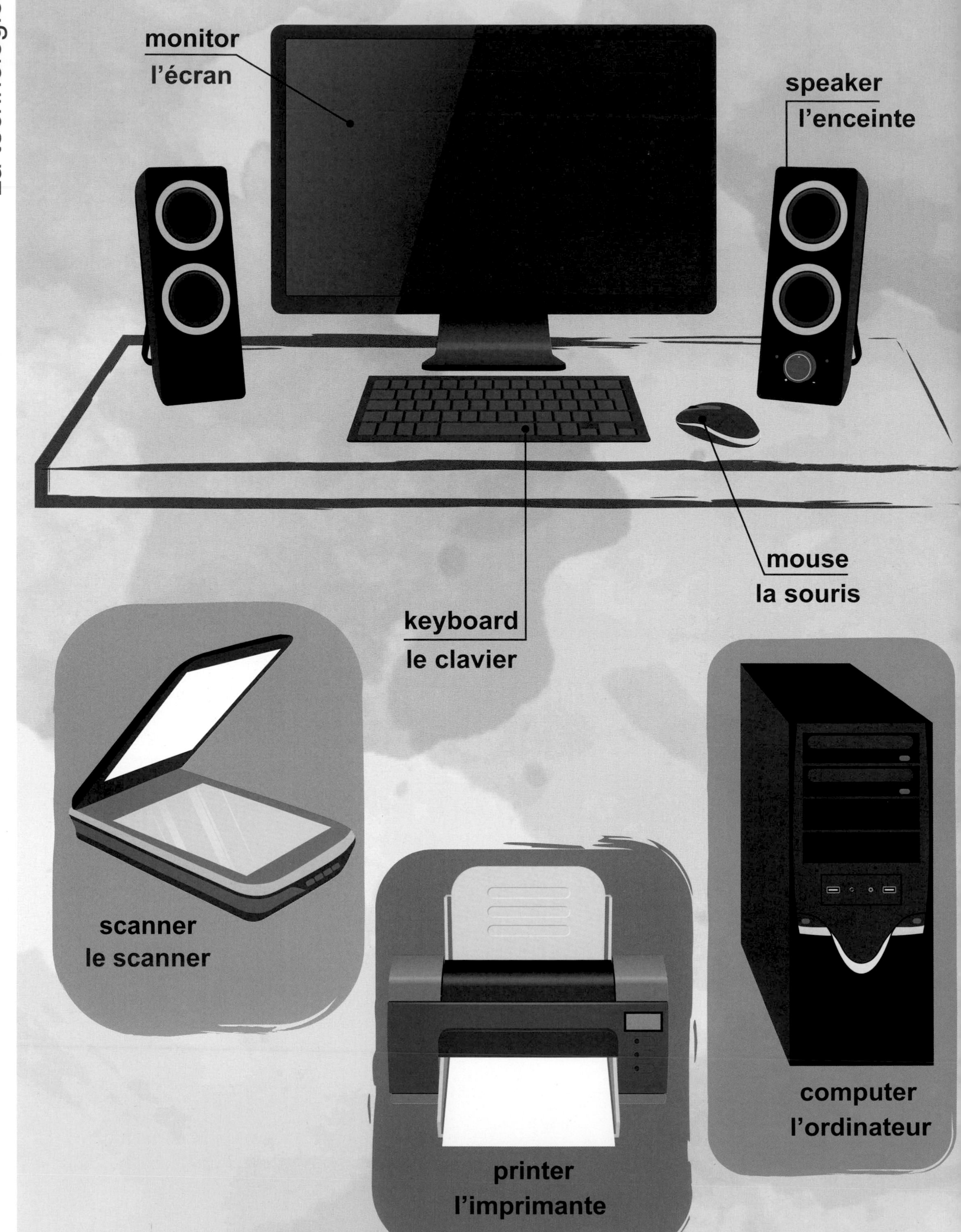
monitor
l’écran
speaker
l’enceinte
mouse
la souris
keyboard
le clavier
scanner
le scanner
computer
l’ordinateur
printer
l’imprimante

video camera
le caméscope

tablet
la tablette

mobile phone / cell phone
le portable / cellulaire

radio
la radio

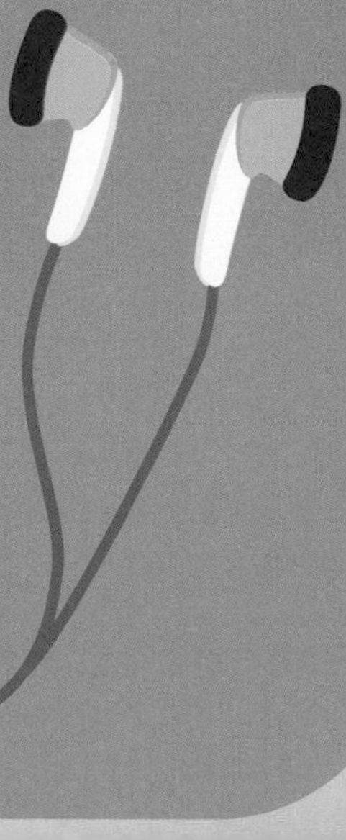

telephone
le téléphone

microphone
le microphone

cable
le câble

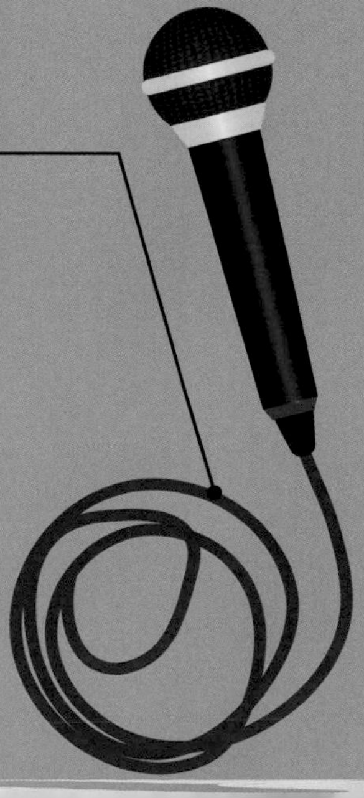

earphones
les écouteurs

supermarket
le supermarché

restaurant
le restaurant

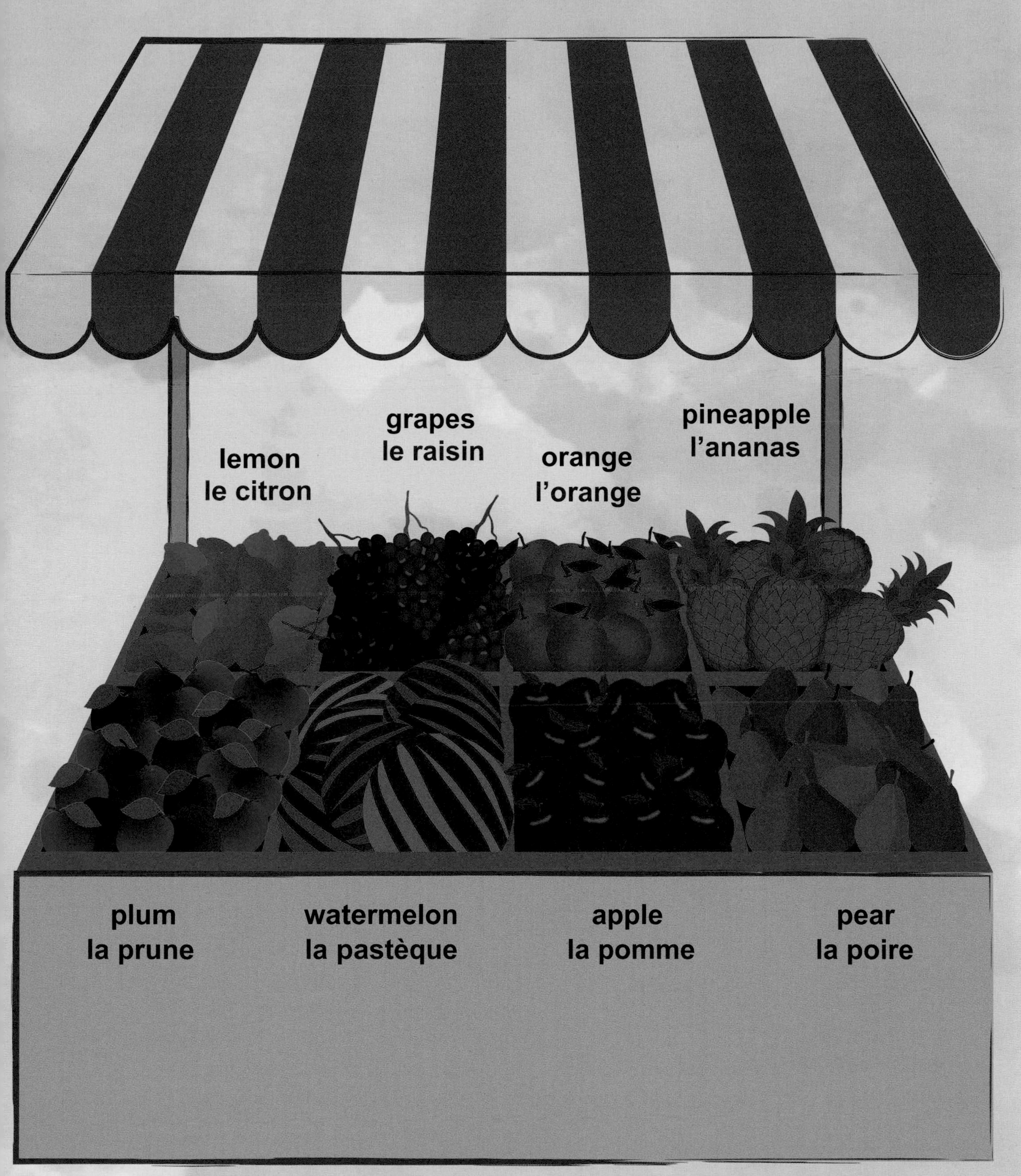
lemon
le citron
grapes
le raisin
orange
l'orange
pineapple
l'ananas
plum
la prune
watermelon
la pastèque
apple
la pomme
pear
la poire

apricot
l'abricot
peach
la pêche
banana
la banane
avocado
l'avocat
strawberry
la fraise
cherry
la cerise
blackberry
la mûre
blueberry
la myrtille
raspberry
la framboise

kiwi
le kiwi
grapefruit
le pamplemousse
mandarin
la mandarine
mango
la mangue
pomegranate
la grenade
quince
le coing
melon
le melon
coconut
la noix de coco

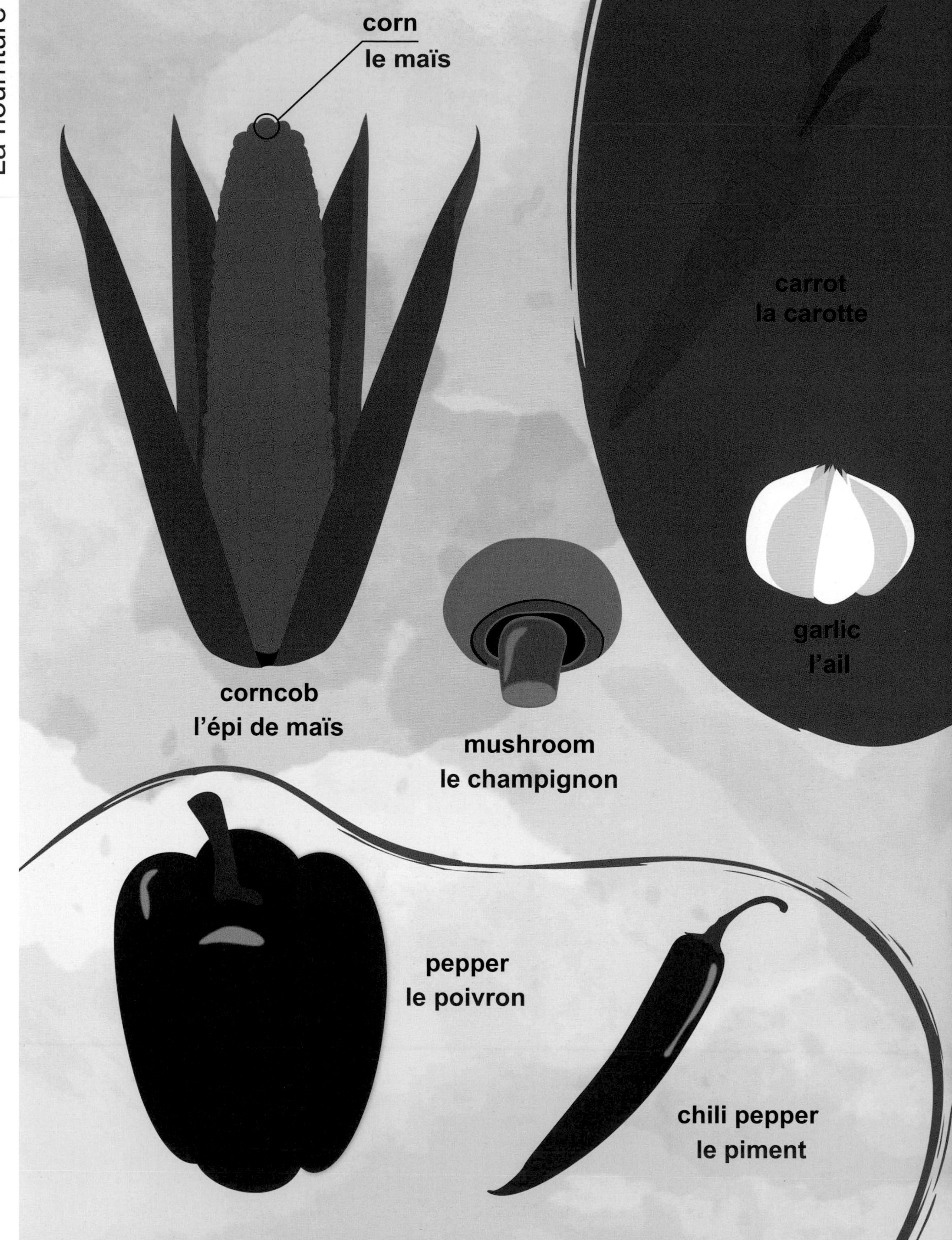
corn
le maïs
carrot
la carotte
garlic
l'ail
corncob
l'épi de maïs
mushroom
le champignon
pepper
le poivron
chili pepper
le piment

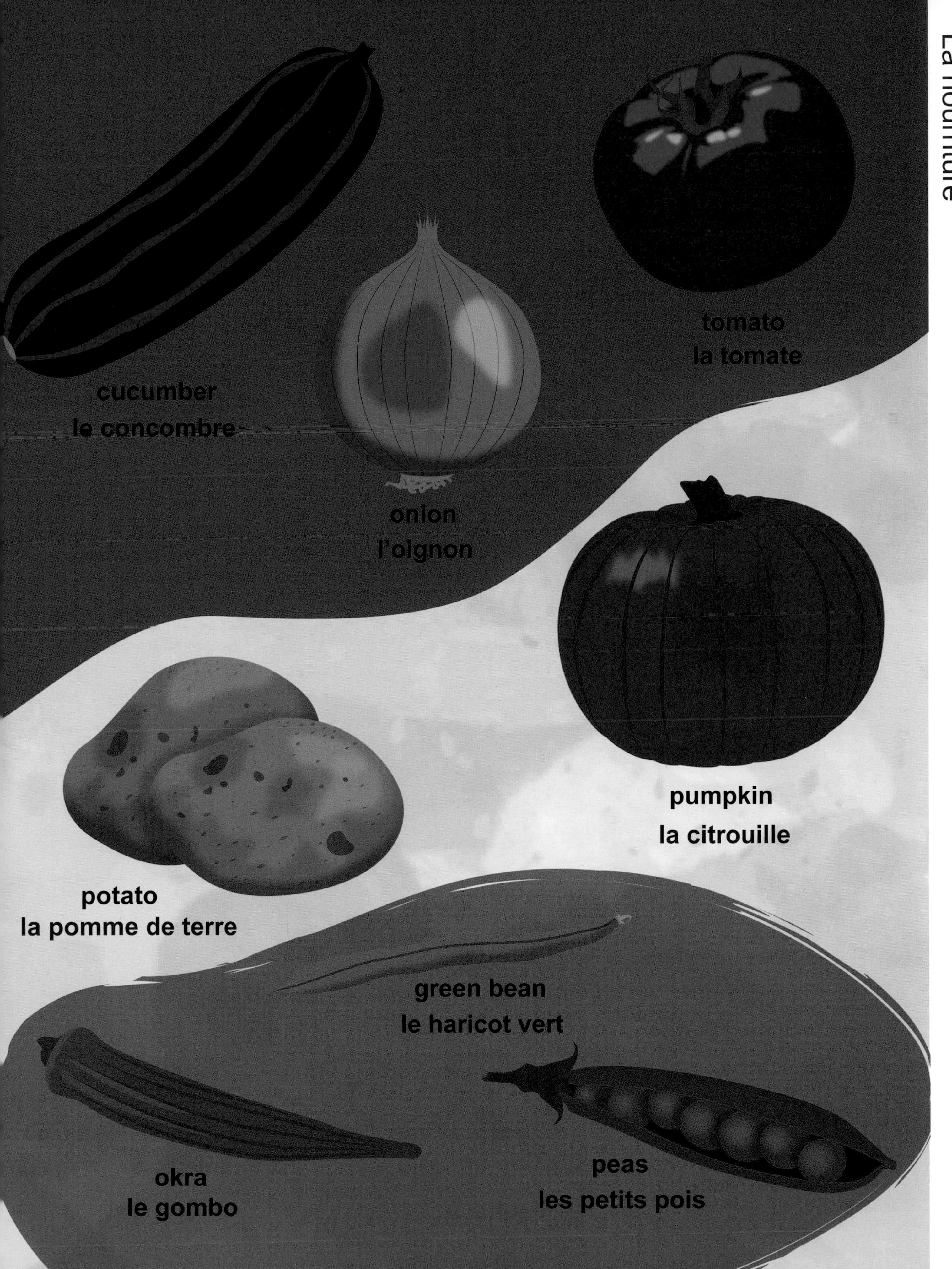
cucumber
le concombre
onion
l'oignon
tomato
la tomate
pumpkin
la citrouille
potato
la pomme de terre
green bean
le haricot vert
okra
le gombo
peas
les petits pois

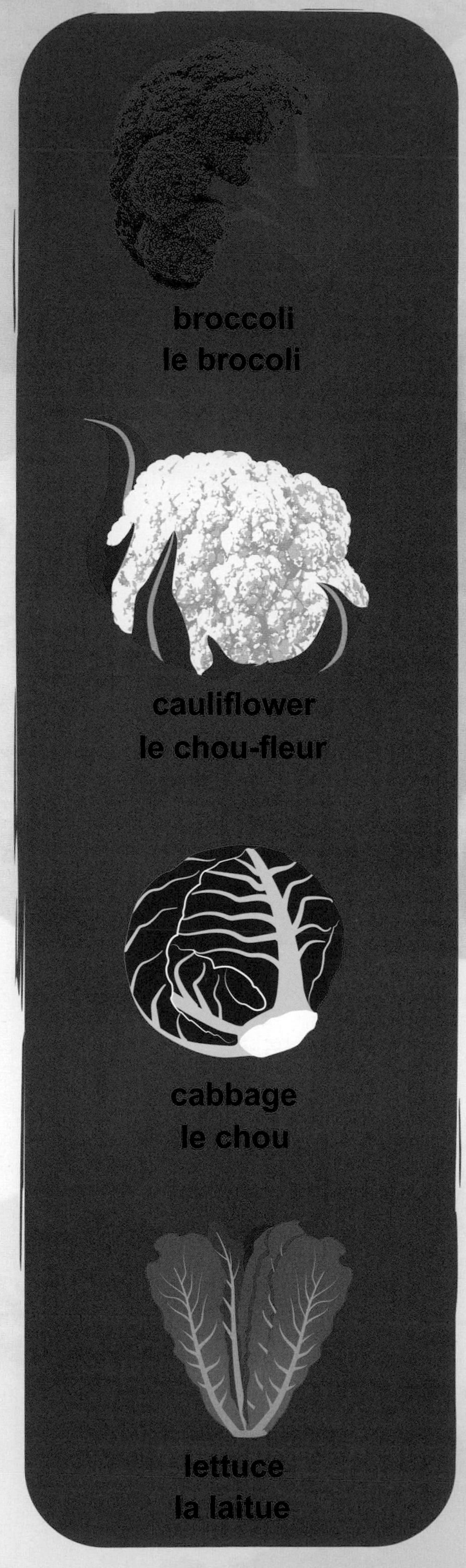

artichoke
l'artichaut

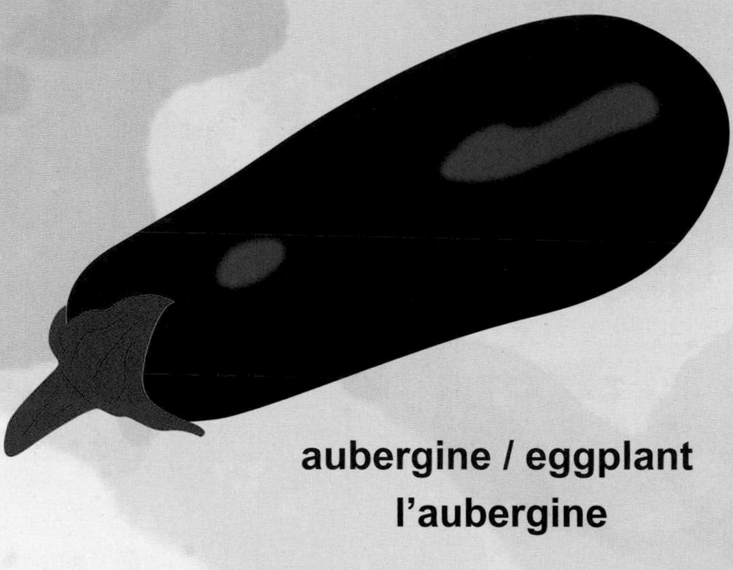

aubergine / eggplant
l'aubergine

courgette / zucchini
la courgette

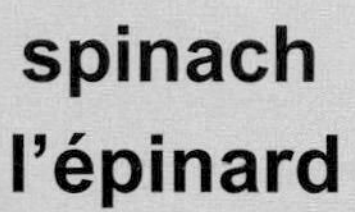

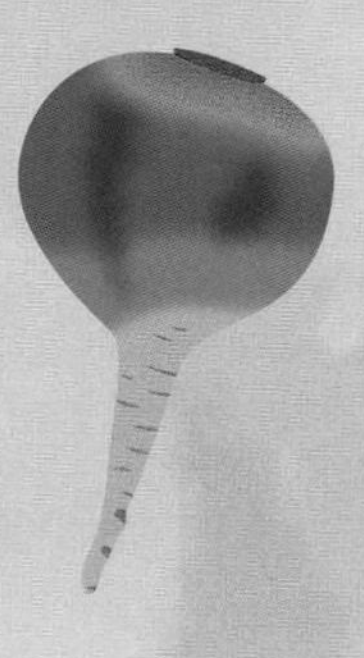

asparagus
l'asperge

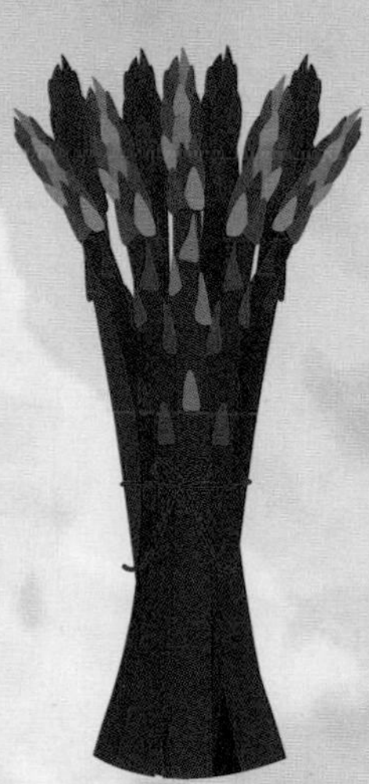

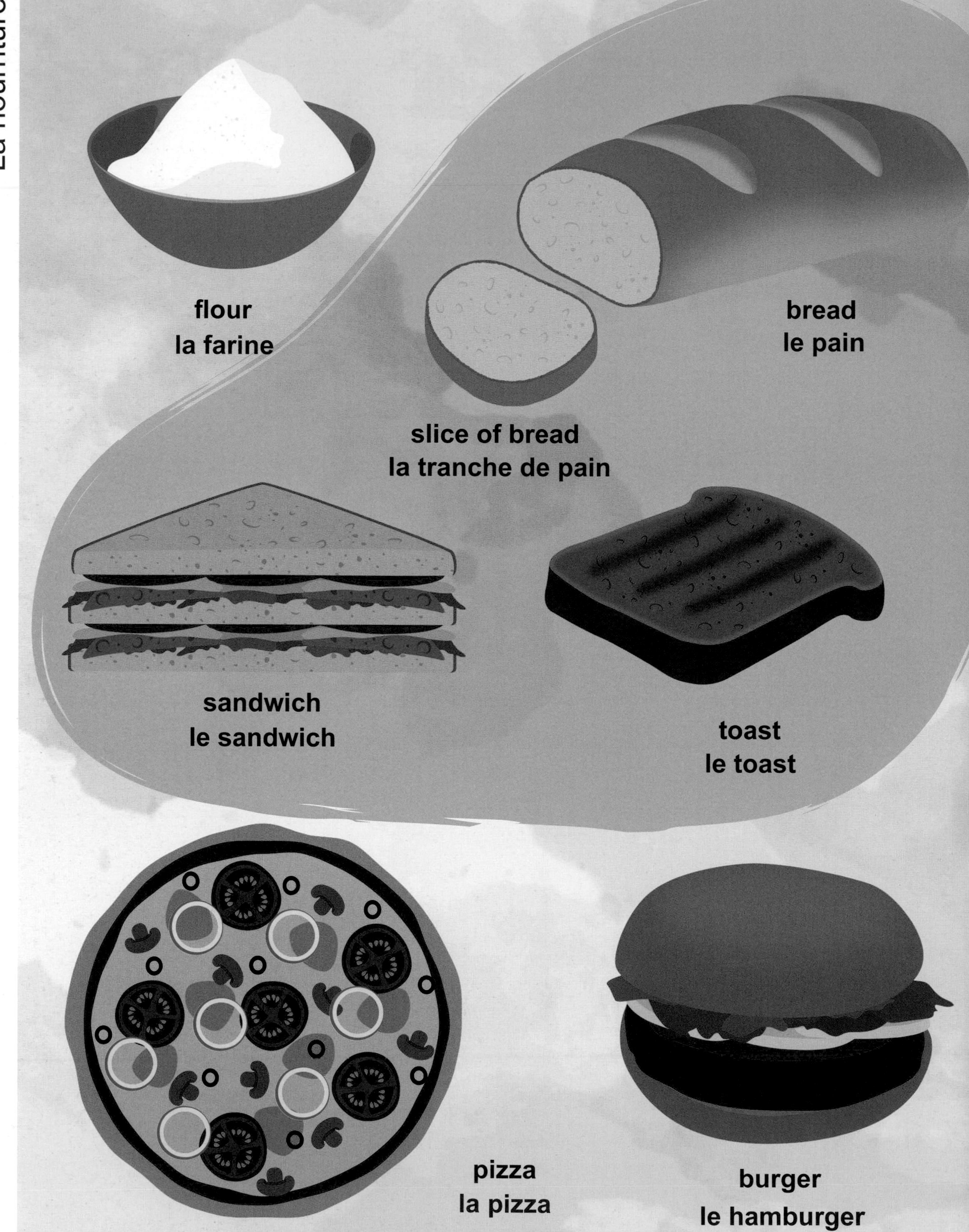
flour
la farine
bread
le pain
slice of bread
la tranche de pain
sandwich
le sandwich
toast
le toast
pizza
la pizza
burger
le hamburger

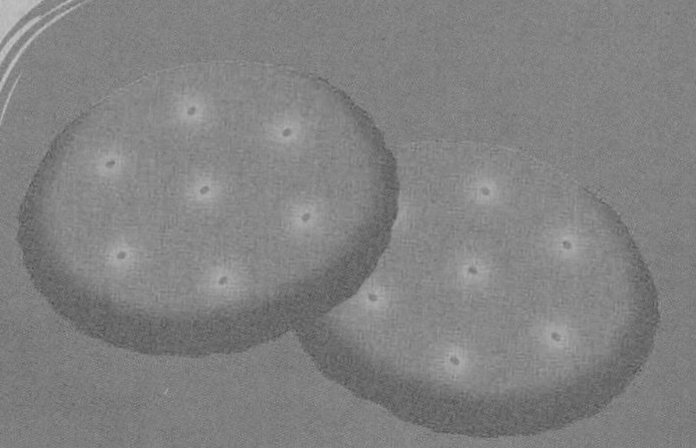
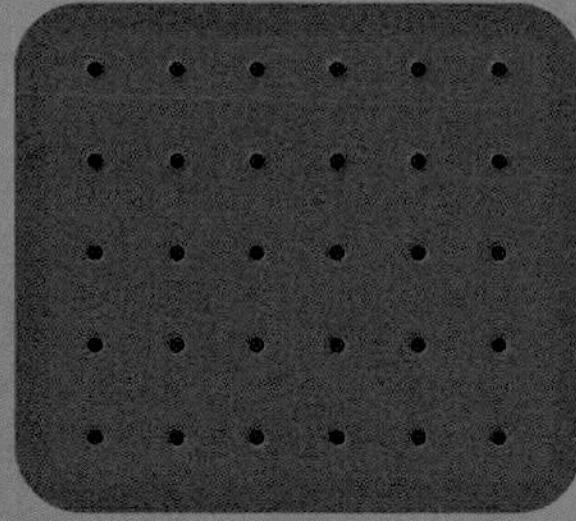
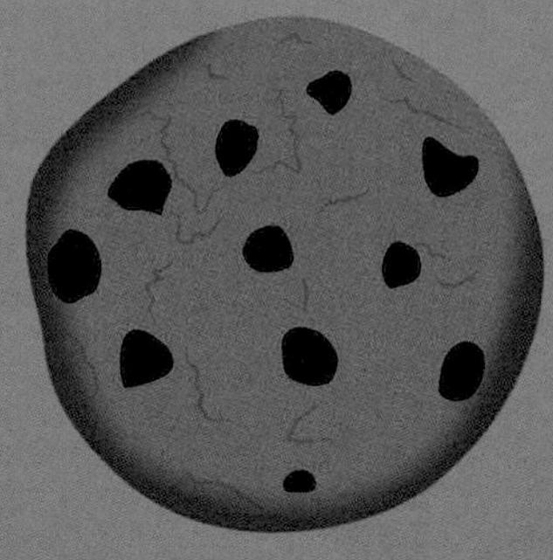

crackers
les crackers

biscuit
le biscuit

chocolate chip cookie
le biscuit au chocolat

cake
le gâteau

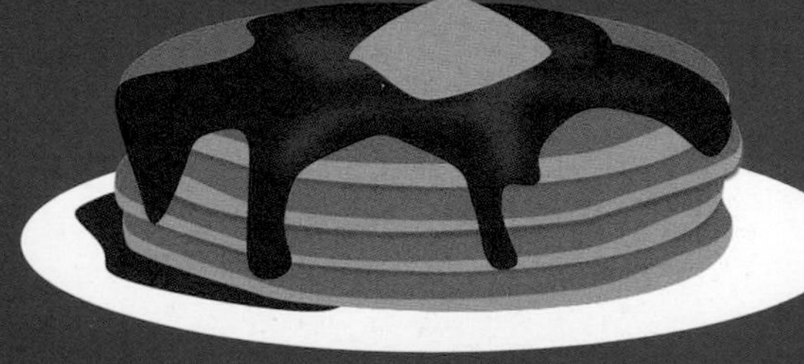

pie
la tarte

pancakes
les crêpes

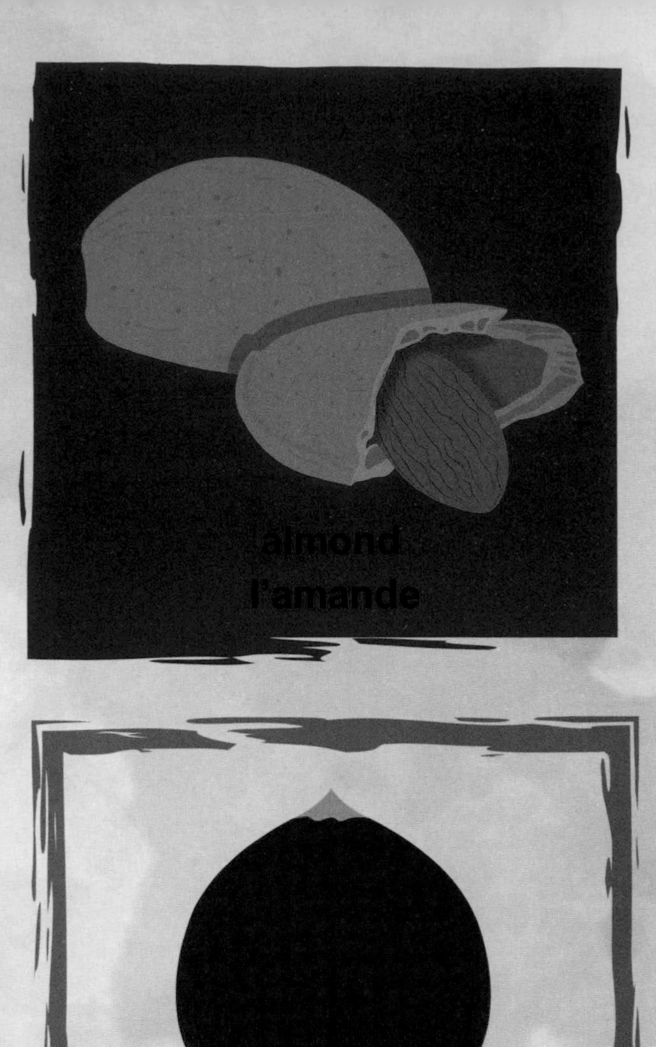
almond
l'amande

hazelnut
la noisette

chestnut
la châtaigne

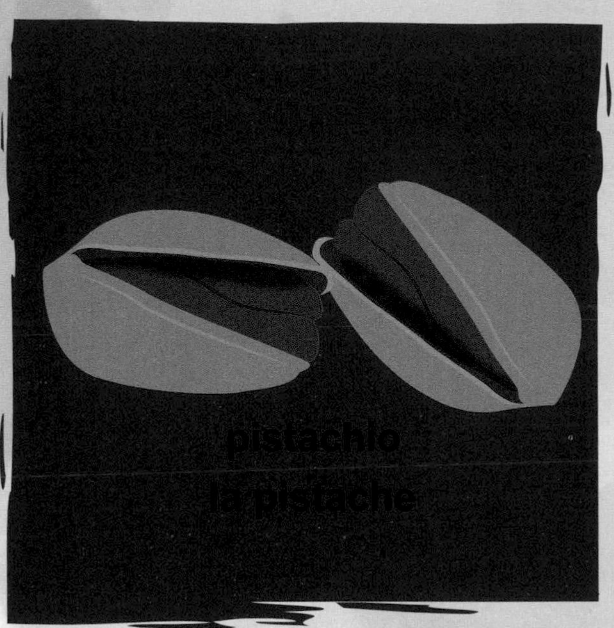
pistachio
la pistache

walnut
la noix

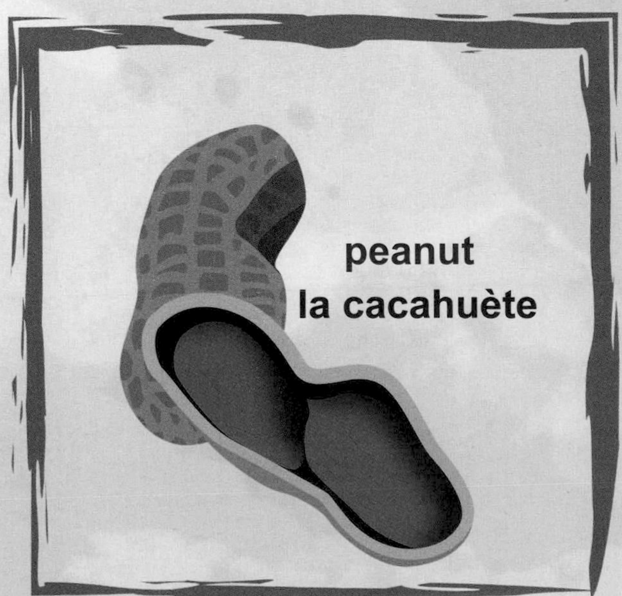
peanut
la cacahuète

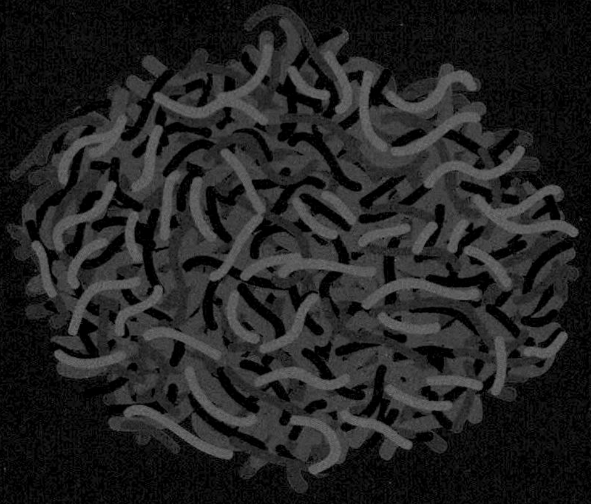

ground beef
la viande hachée

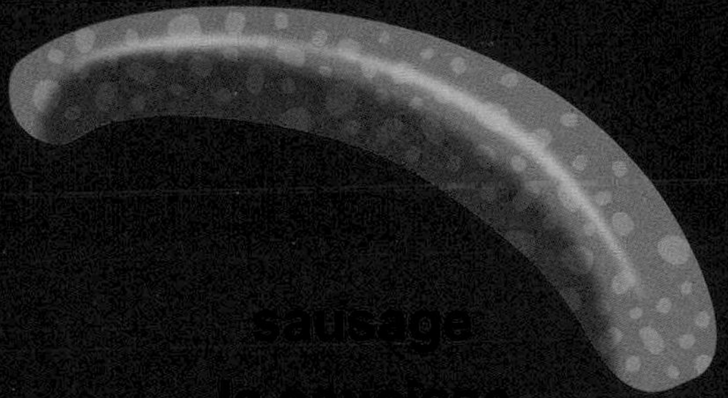

sausage
la saucisse

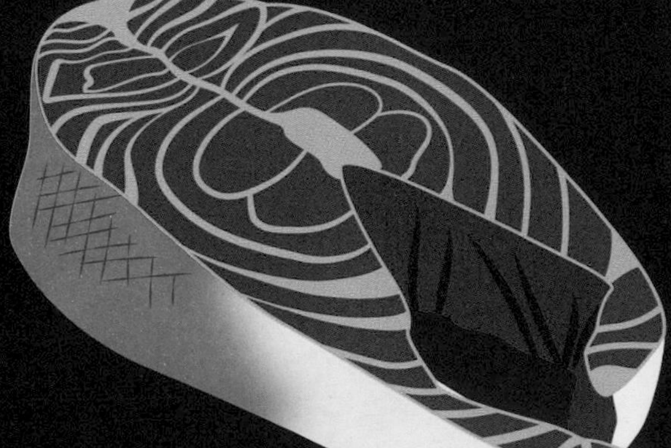

fish
le poisson

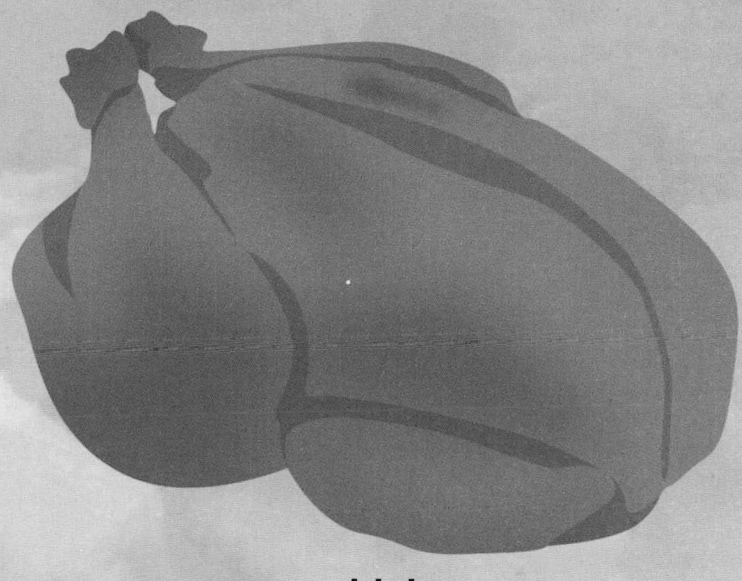

chicken
le poulet

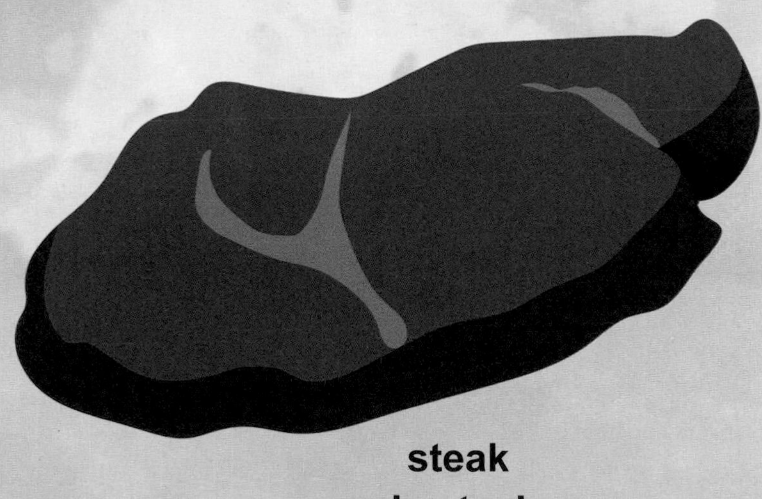

steak
le steak

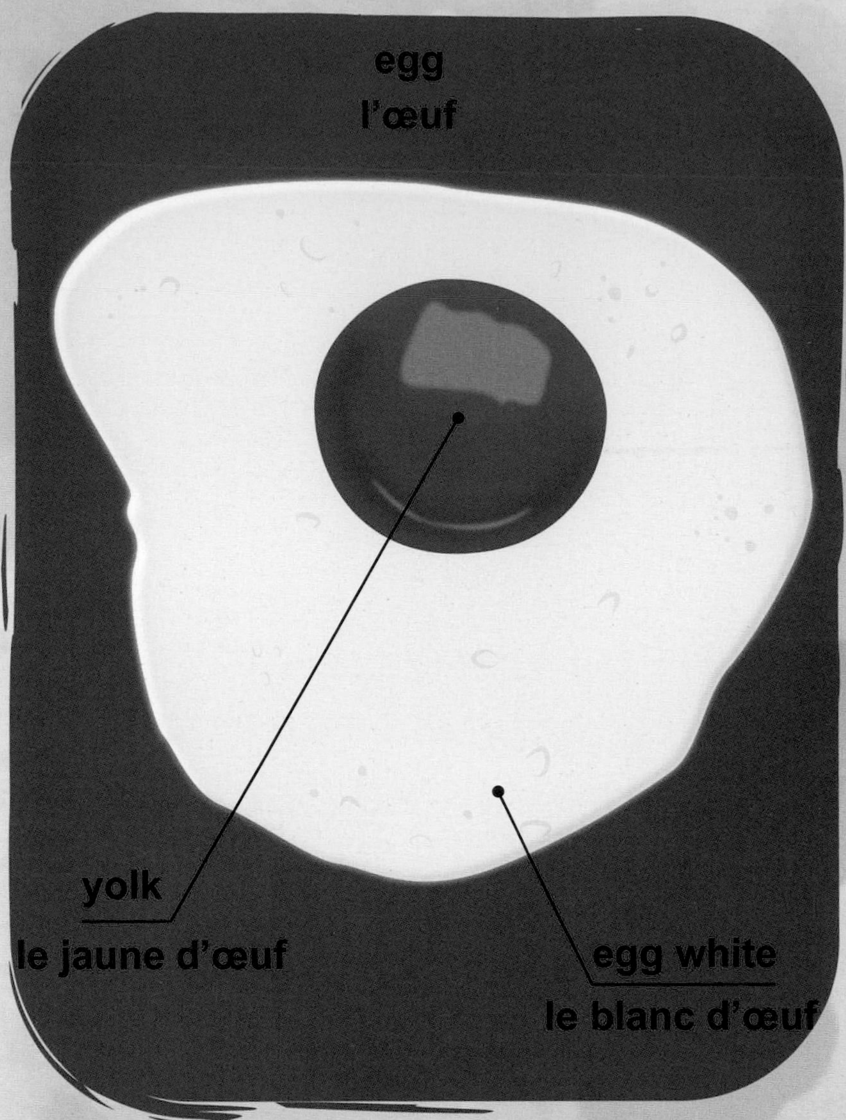

pasta
les pâtes

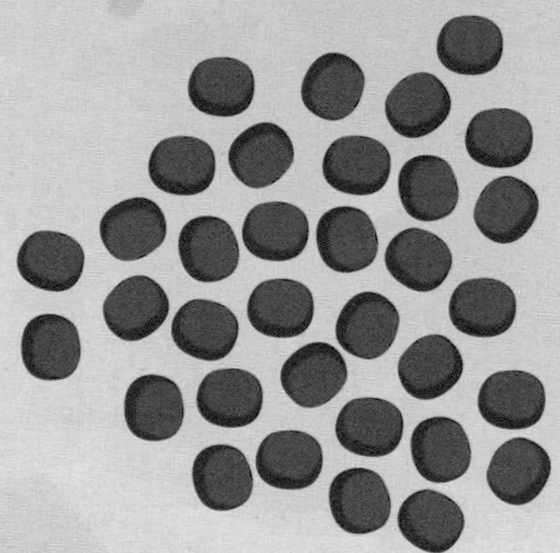

lentils
les lentilles

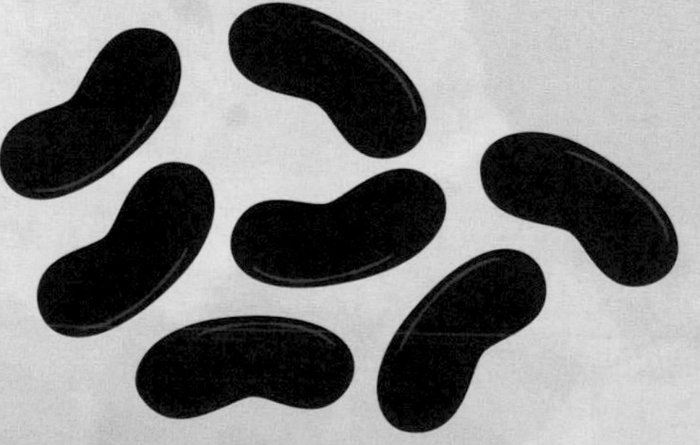

beans
les haricots

honey
le miel
canned food
une boîte de conserve

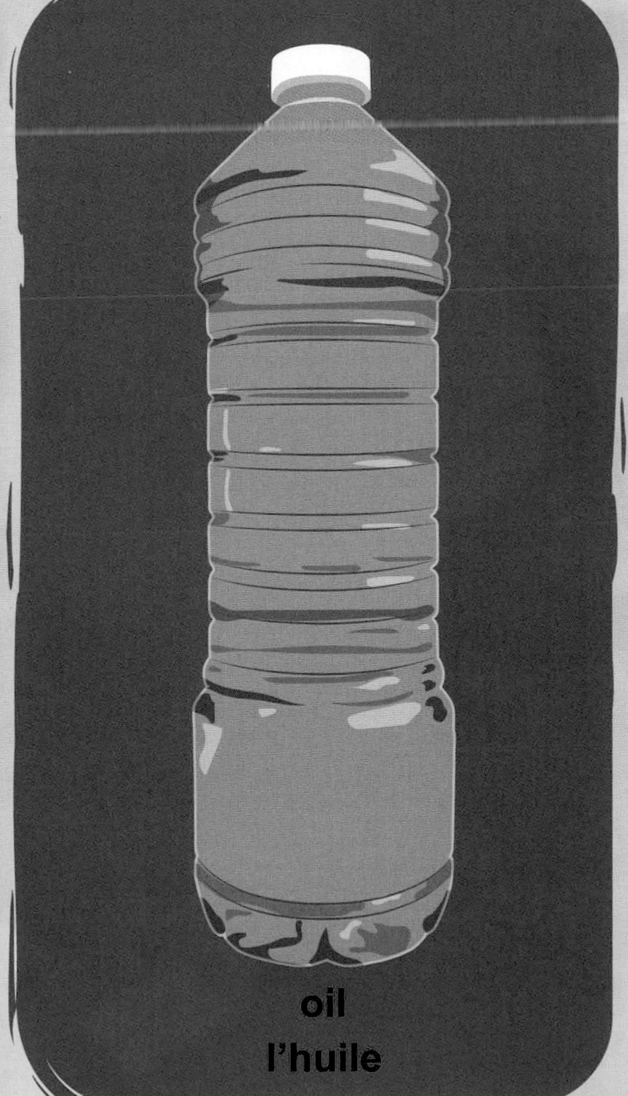
oil
l'huile

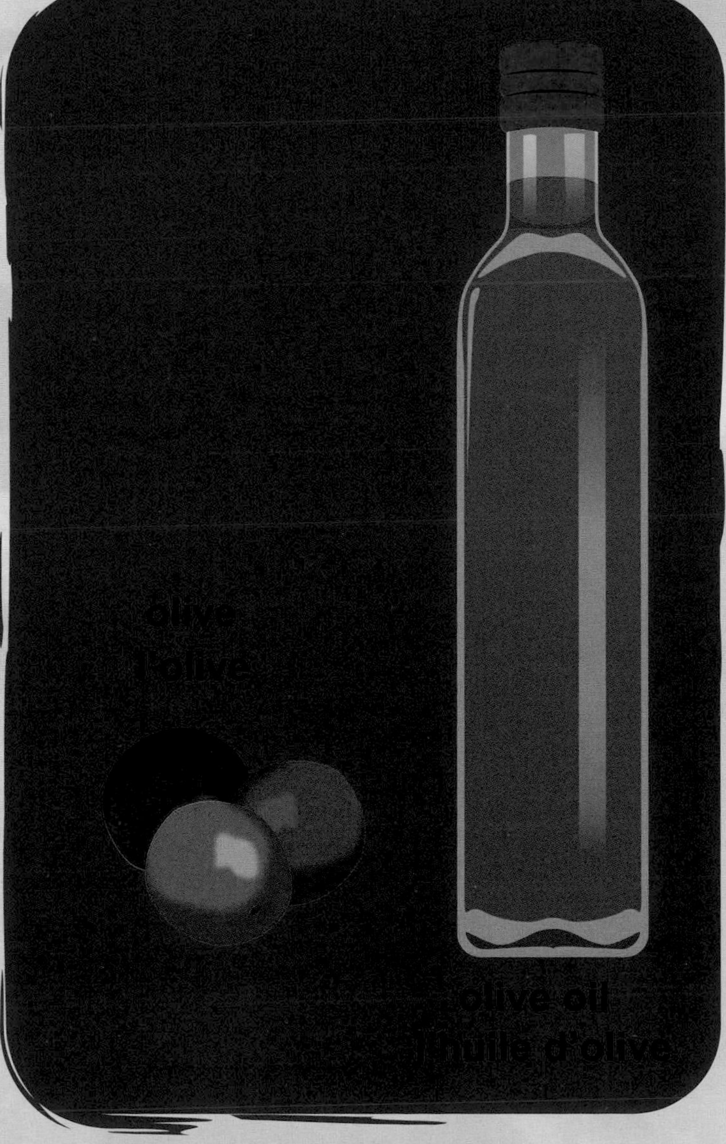
olive
l'olive
olive oil
l'huile d'olive

salad
la salade
snacks
les casse-croûtes
salt
le sel
pepper
le poivre noir

breakfast
le petit
déjeuner
sugar
le sucre
chocolate
le chocolat
candy
les bonbons
ice cream
la glace
dessert
le dessert
popcorn
le popcorn

butter
le beurre
cheese
le fromage
yogurt
le yaourt
soy milk
le lait de soja
milk
le lait

water
l'eau
fruit juice
le jus de fruit
lemonade
la limonade
ice cube
le glaçon
orange juice
le jus d'orange
tea
le thé
coffee
le café

car
la voiture

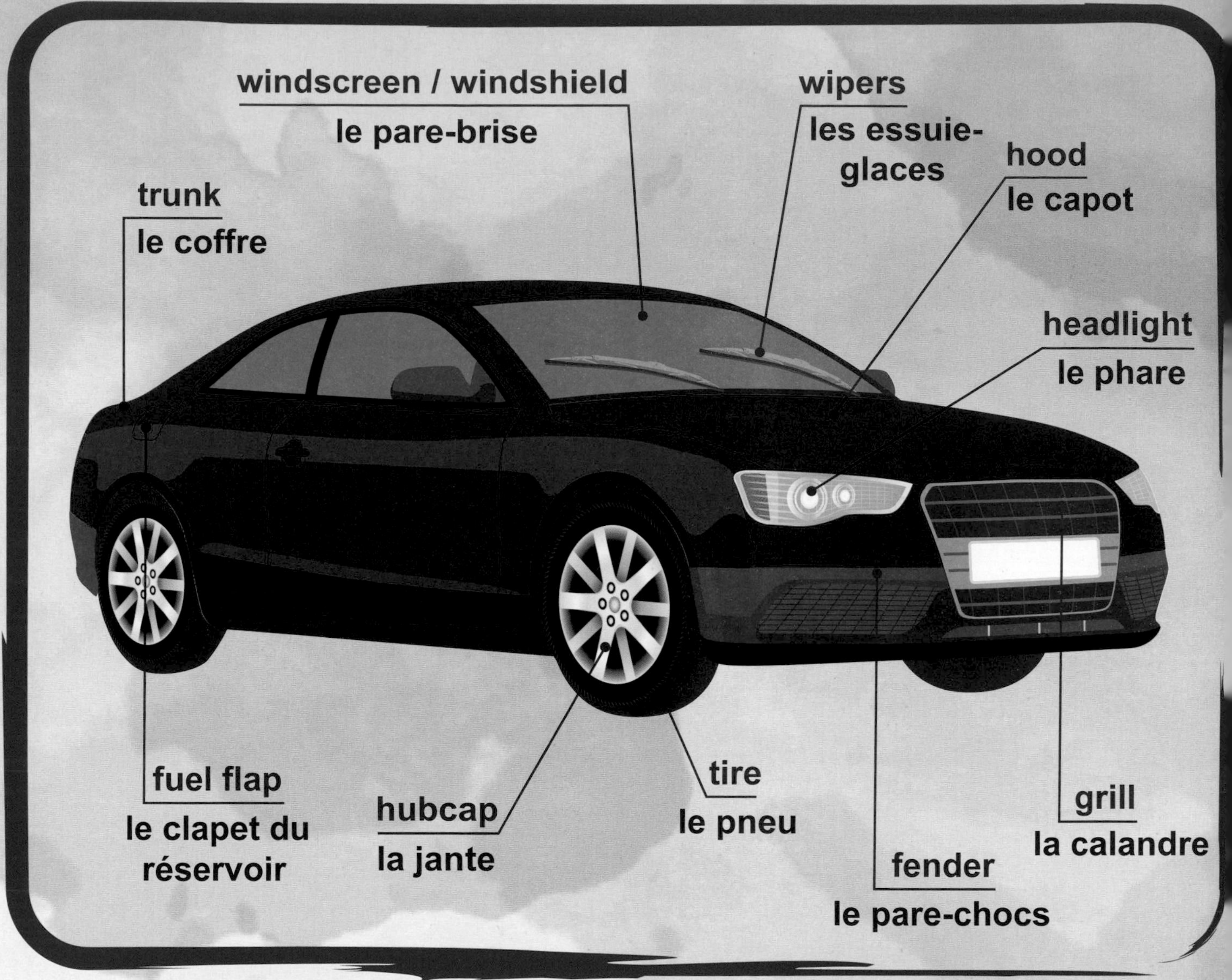

windscreen / windshield
le pare-brise

wipers
les essuie-glaces

hood
le capot

trunk
le coffre

headlight
le phare

fuel flap
le clapet du réservoir

hubcap
la jante

tire
le pneu

grill
la calandre

fender
le pare-chocs

steering wheel
le volant

engine
le moteur

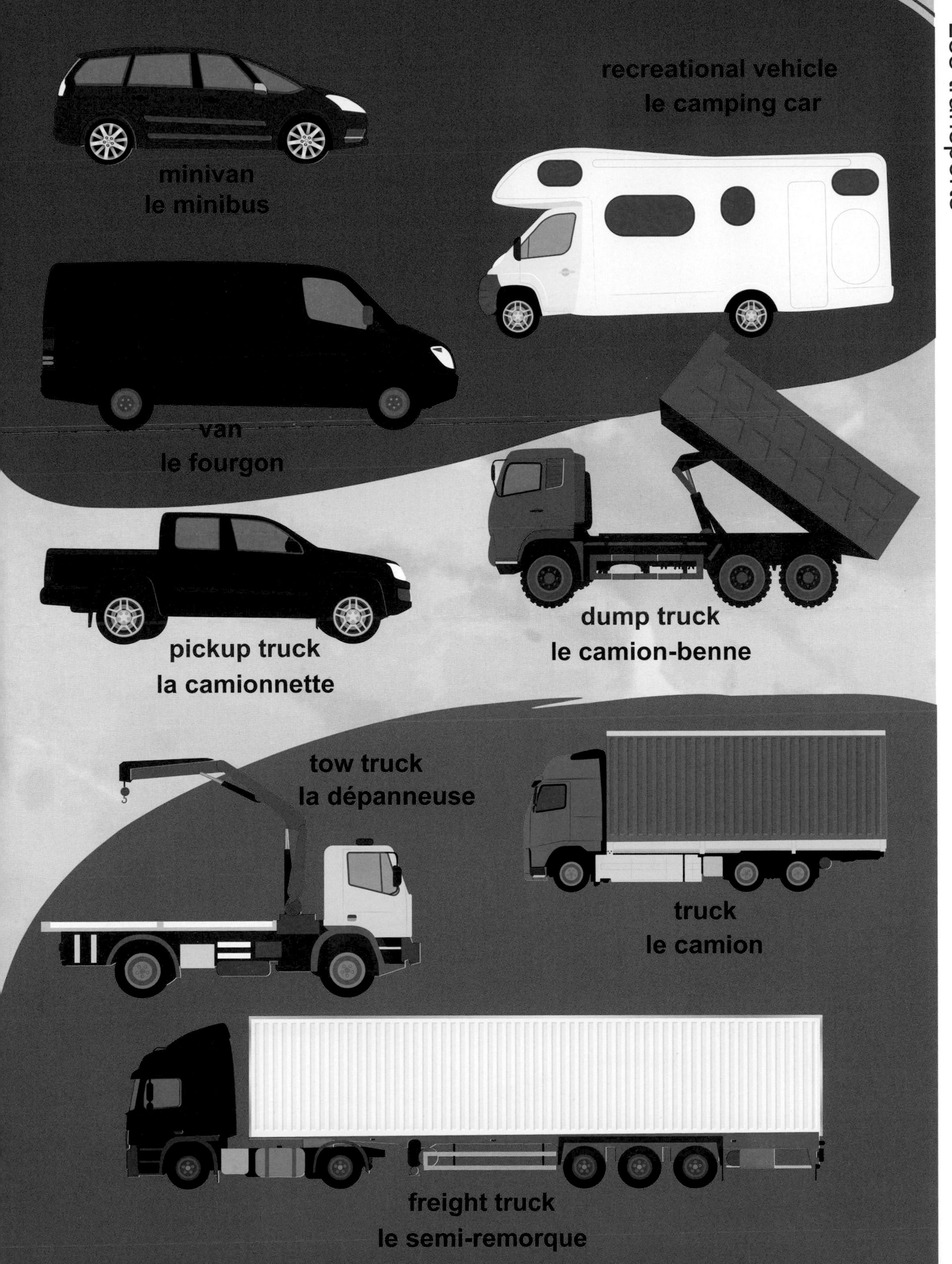
recreational vehicle
le camping car
minivan
le minibus
van
le fourgon
dump truck
le camion-benne
pickup truck
la camionnette
tow truck
la dépanneuse
truck
le camion
freight truck
le semi-remorque

bulldozer
le bulldozer
digger
la pelleteuse
forklift
le chariot élévateur
tractor
le tracteur
POLICE
police car
la voiture
de police
fire truck
le camion de pompier
race car
le voiture de course
ambulance
l'ambulance

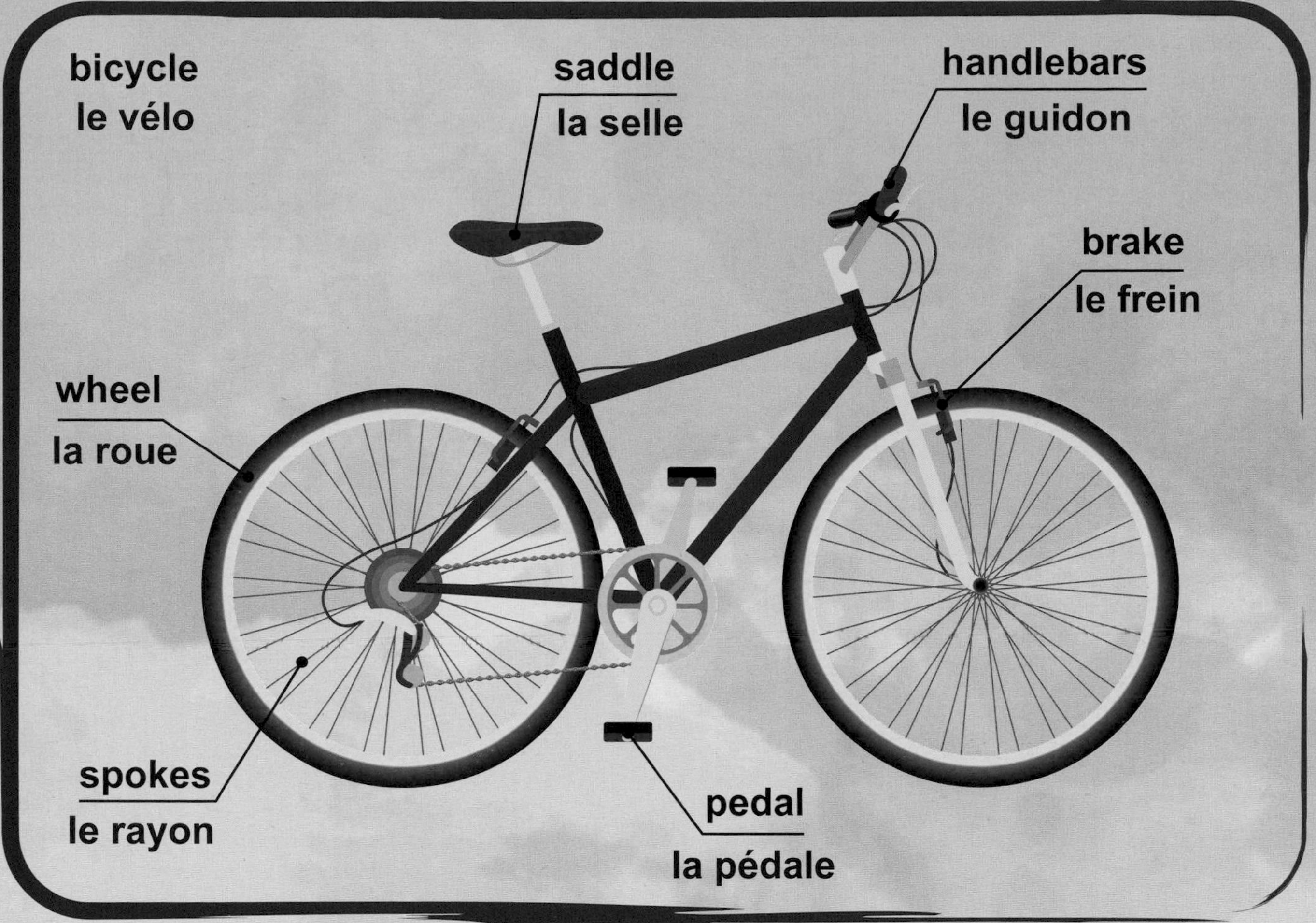

bicycle
le vélo

saddle
la selle

handlebars
le guidon

brake
le frein

wheel
la roue

spokes
le rayon

pedal
la pédale

scooter
le scooter

motorcycle
la moto

stroller
la poussette

sled
la luge

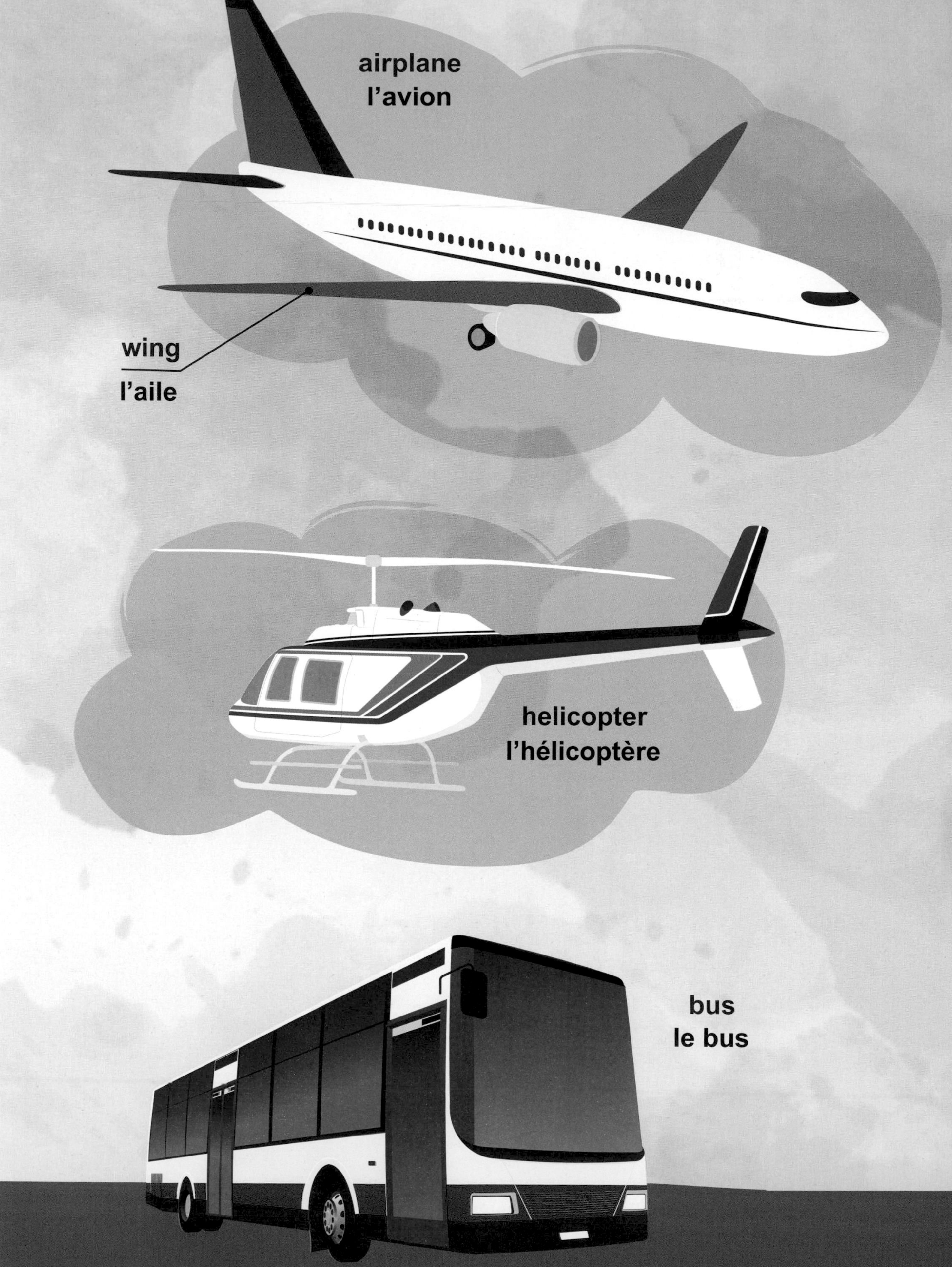
airplane
l'avion
wing
l'aile
helicopter
l'hélicoptère
bus
le bus

tram
le tramway

train
le train

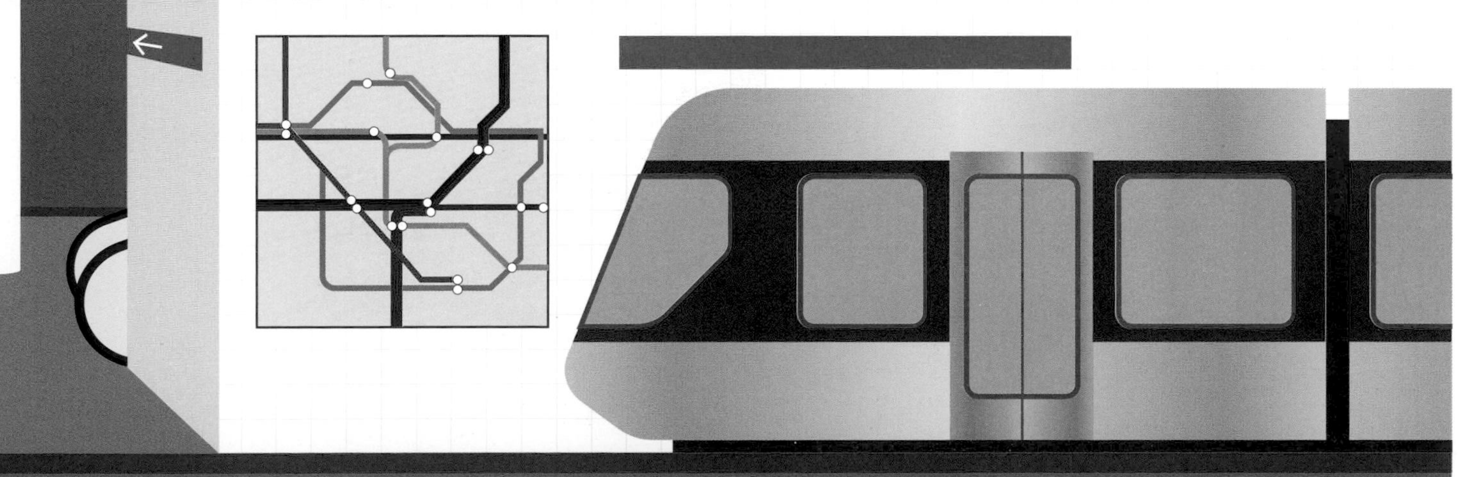

underground / subway
le métro

container ship
le porte-conteneurs

cruise ship
le bateau de croisière

yacht
le yacht

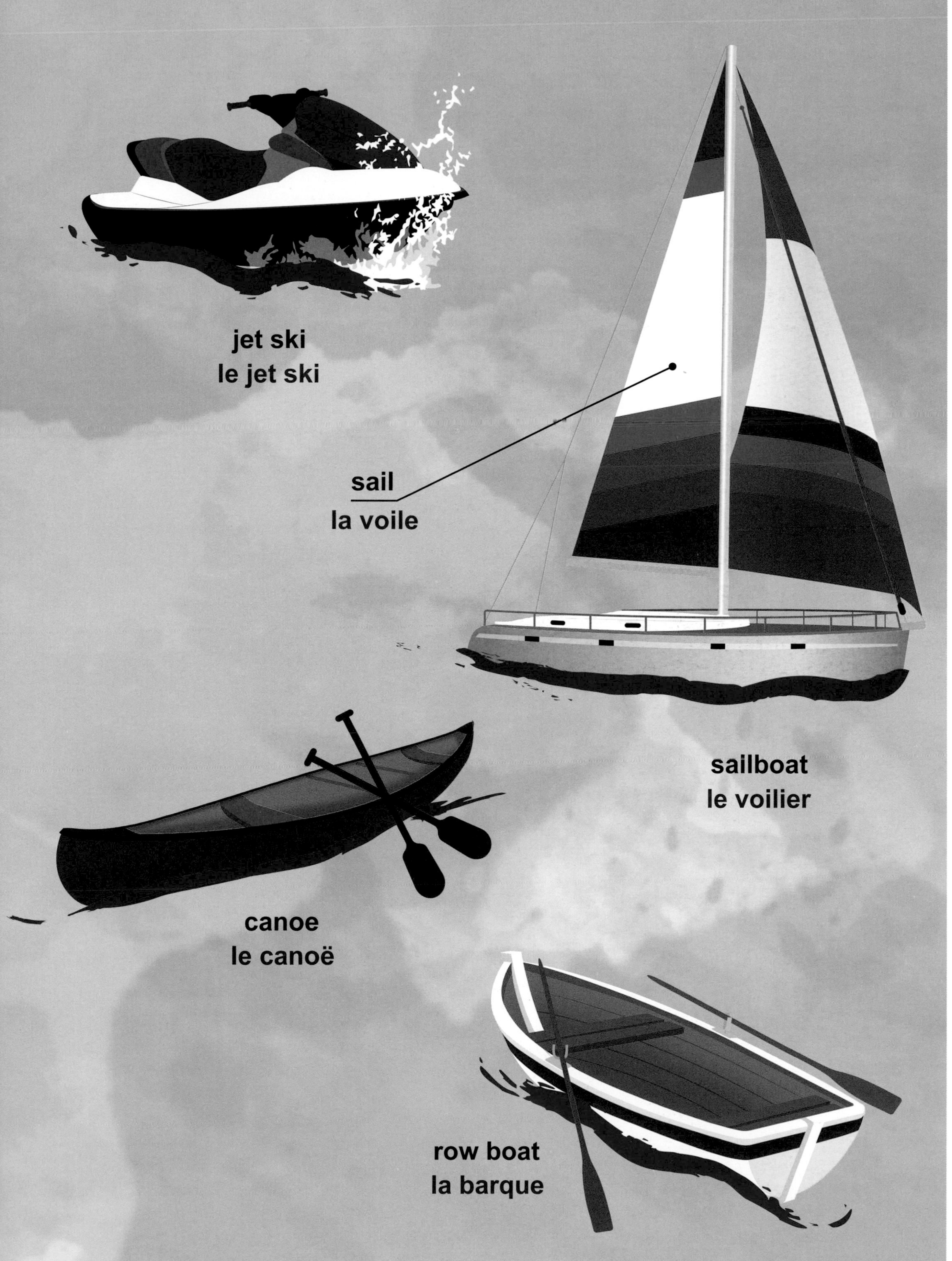
jet ski
le jet ski
sail
la voile
sailboat
le voilier
canoe
le canoë
row boat
la barque

airport
l'aéroport

street
la rue

bus stop
l'arrêt de bus

sidewalk
le trottoir

crosswalk
passage-piétons

traffic light
le feu de signalisation

road
la route

highway
l'autoroute

traffic
le trafic

garage
le garage

petrol station / gas station
la station-service

petrol pump / gas pump
la pompe a essence

train station
la gare

railroad track
la voie ferrée

bridge
le pont

pier
le quai

port
le port

fuchsia
le fuchsia
camellia
le camélia
daisy
la pâquerette
cotton
le coton
bud
le bourgeon
begonia
le bégonia
carnation
l'œillet

gardenia
le gardénia
petal
le pétale
jasmine
le jasmin
hyacinth
la jacinthe
iris
l'iris
geranium
le géranium
lavender
la lavande

magnolia
le magnolia
snapdragon
la gueule-de-loup
nettle
l’ortie
daffodil
le narcisse
poppy
le
coquelicot
lilac
le lilas
moss
la mousse
grass
l’herbe

orchid
l’orchidée
rose
la rose
sunflower
le tournesol
tulip
la tulipe
snowdrop
le perce-neige
water lily
le nénuphar

pine cone
la pomme de pin
oats
l'avoine
wheat
le blé
rye
le seigle
palm tree
le palmier
cactus
le cactus
grape tree
la vigne

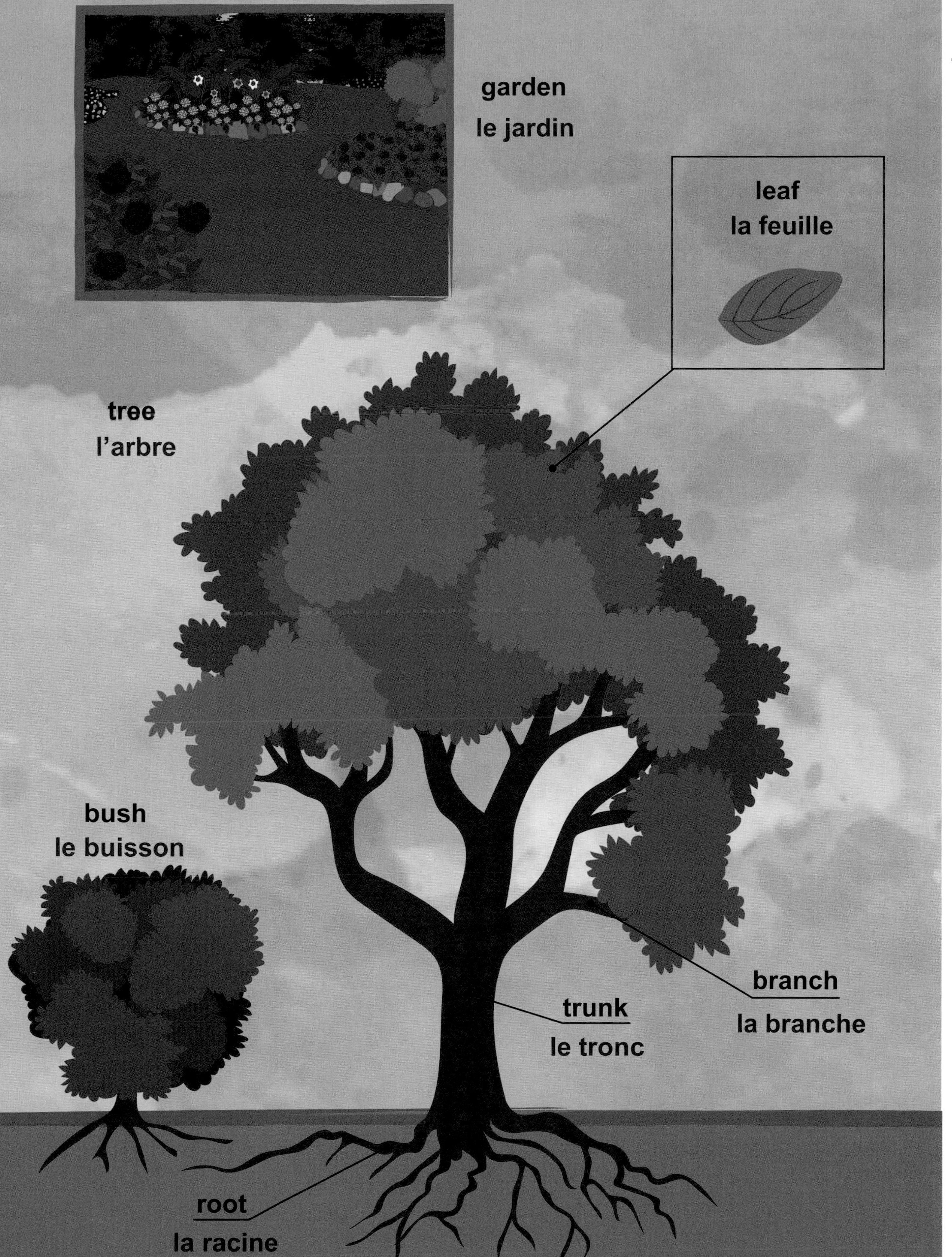
garden
le jardin
leaf
la feuille
tree
l'arbre
bush
le buisson
branch
la branche
trunk
le tronc
root
la racine

barn
la grange

countryside
la campagne

farm
la ferme

hay
le foin

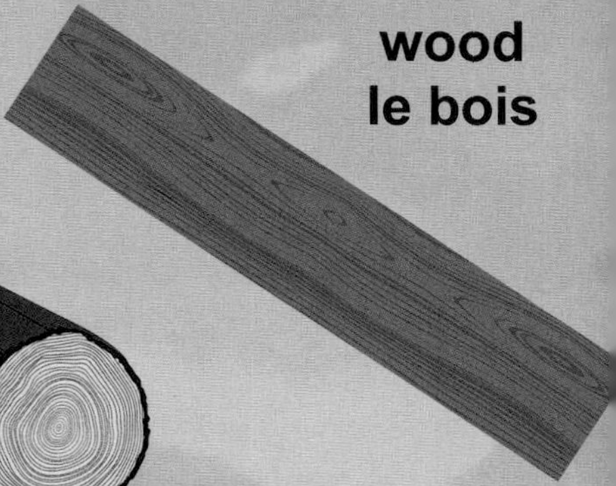

wood
le bois

log
la bûche

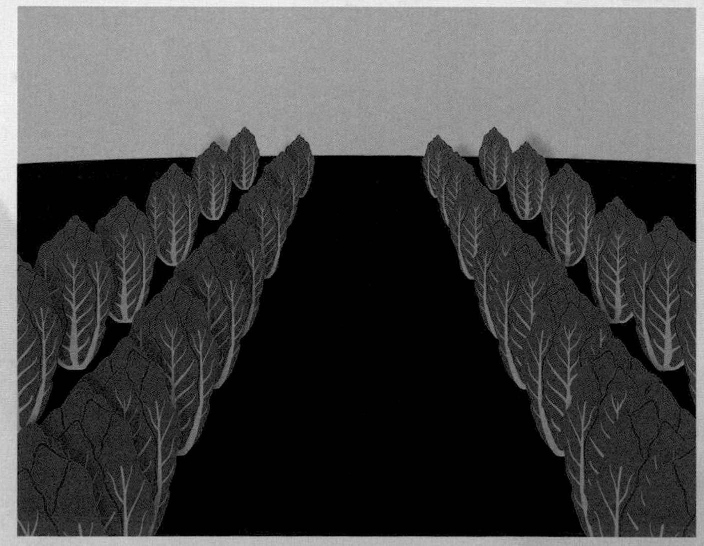

harvest
la récolte

field
le champ

beach
la plage

lake
le lac

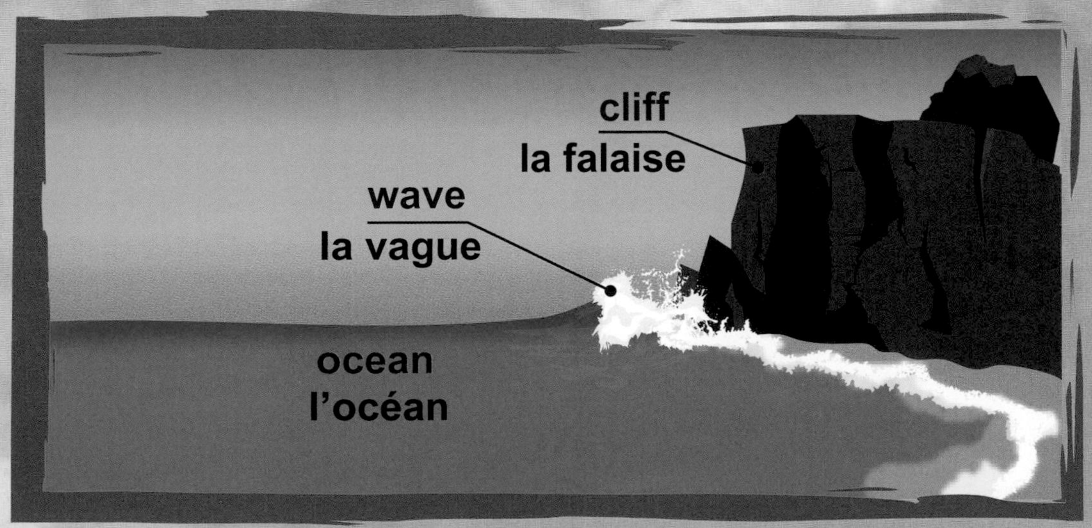

coast
la côte

wetland
le marécage

dam
le barrage

waterfall
la chute d'eau

forest
la forêt

desert
le désert

cave
la grotte

jungle
la jungle

soil
la terre

fossil
le fossile

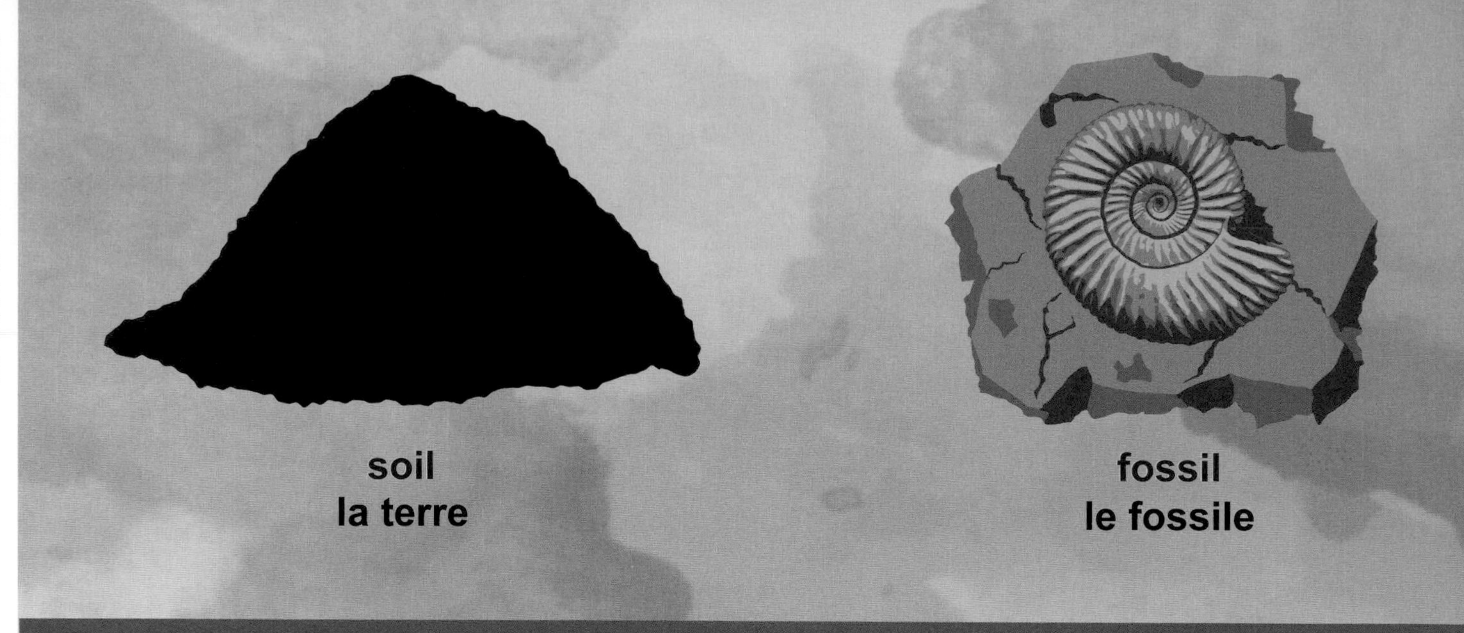

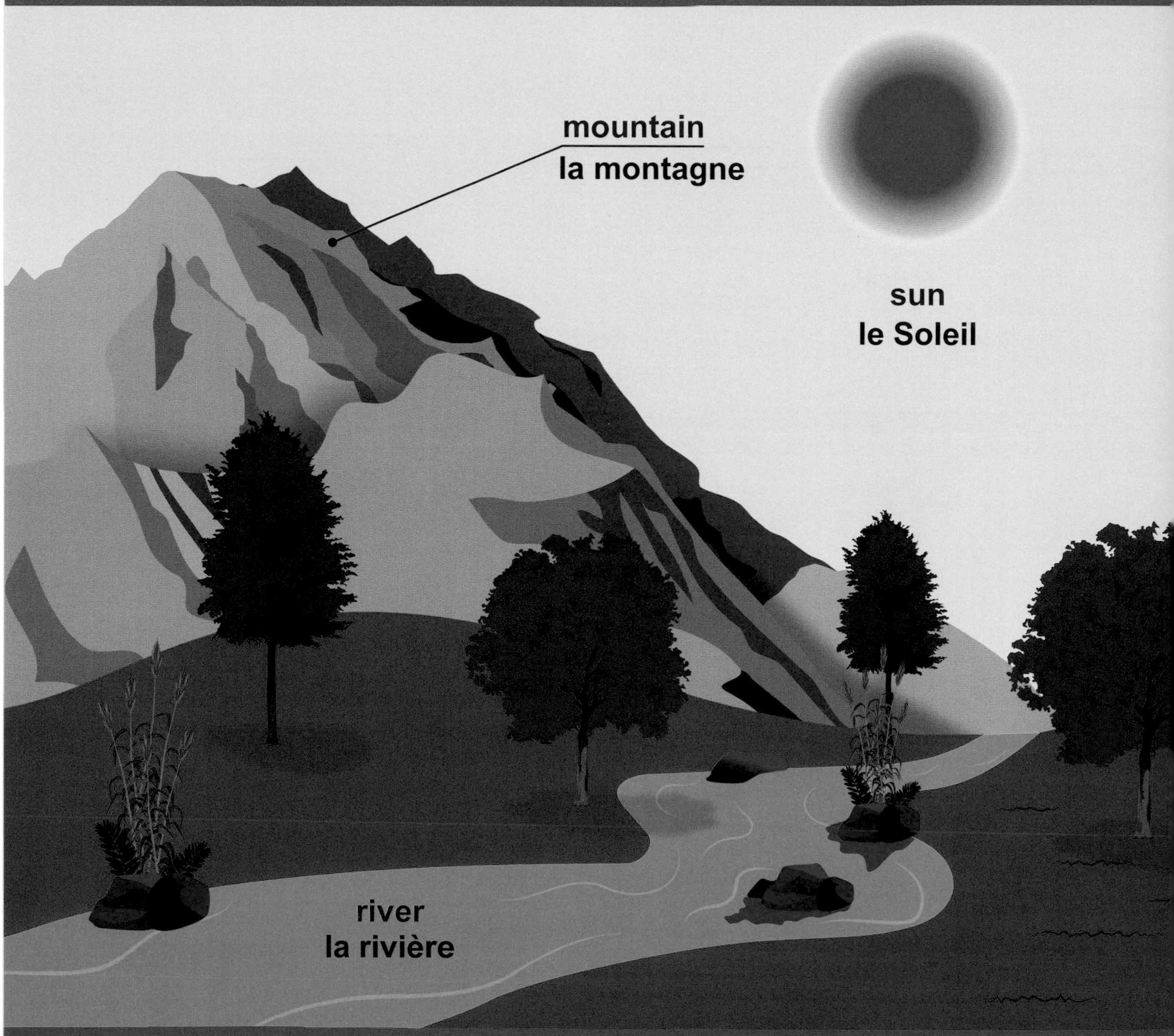
mountain
la montagne
sun
le Soleil
river
la rivière

pebbles
les galets

stone
la pierre

rock
le rocher

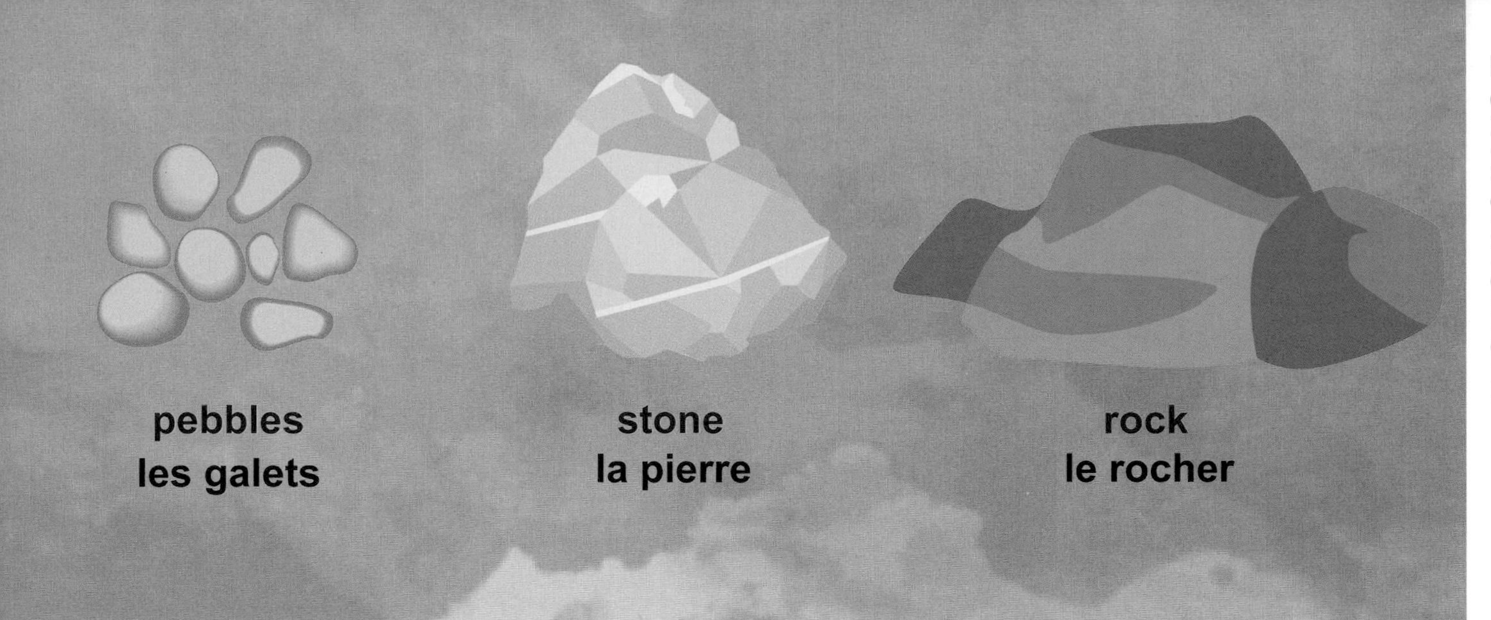

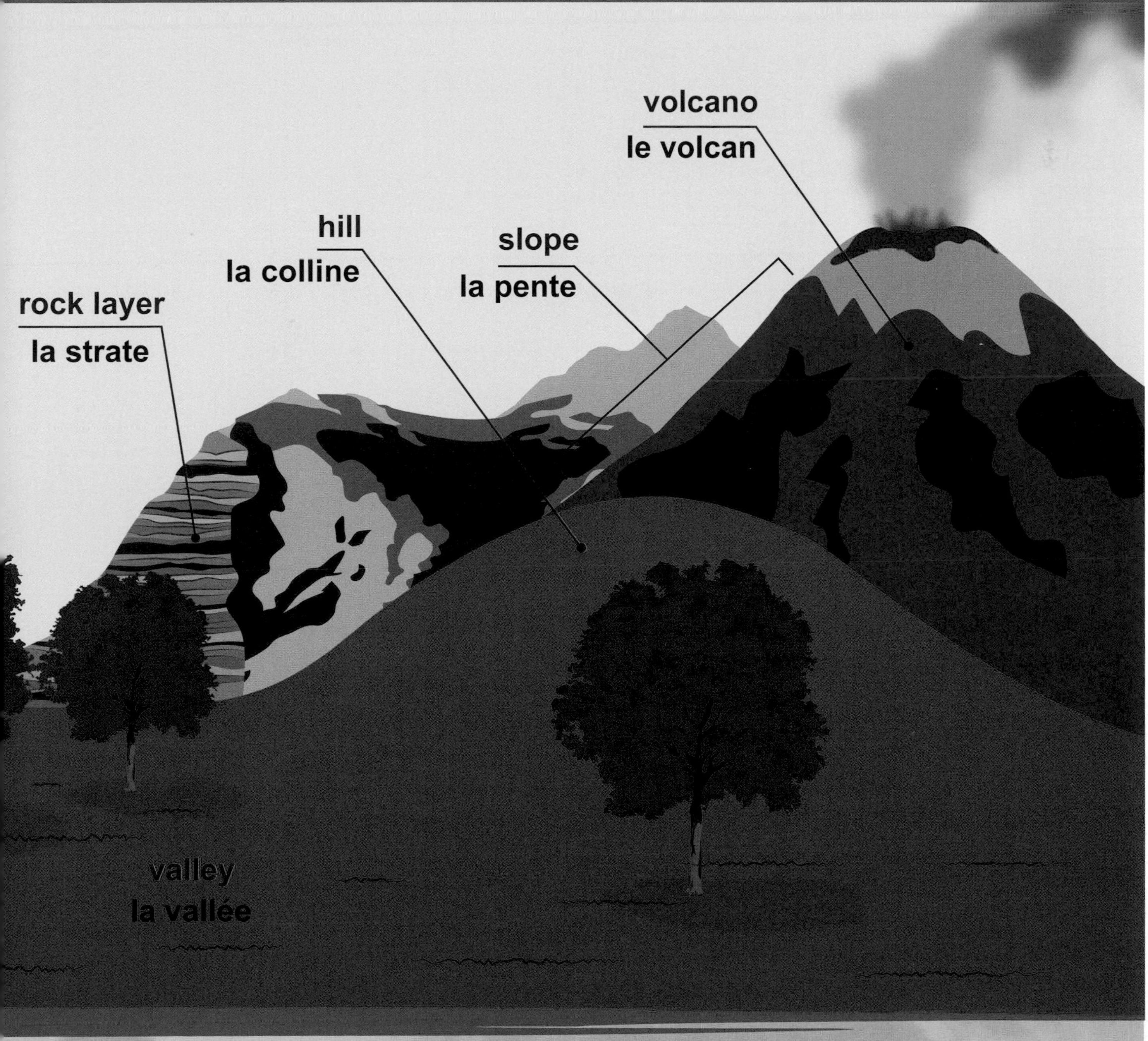
volcano
le volcan
hill
la colline
slope
la pente
rock layer
la strate
valley
la vallée

disaster
le désastre

hurricane
l'ouragan

earthquake
le tremblement de terre

flood
l'inondation

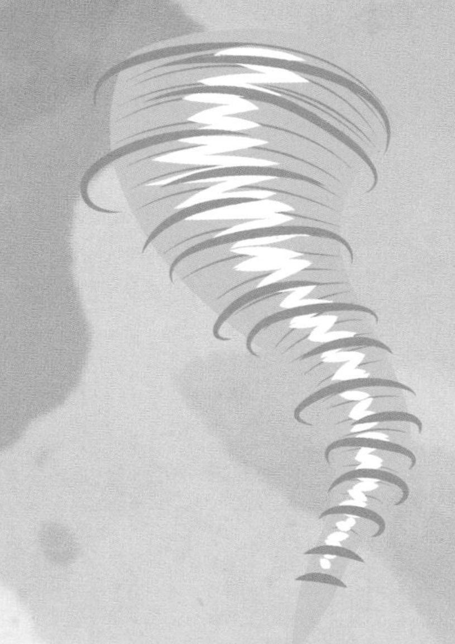

tornado
la tornade

fire
le feu

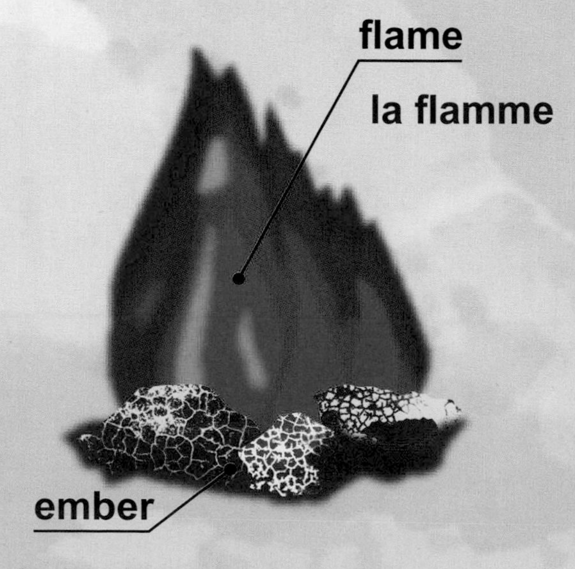

flame
la flamme

ember
la braise

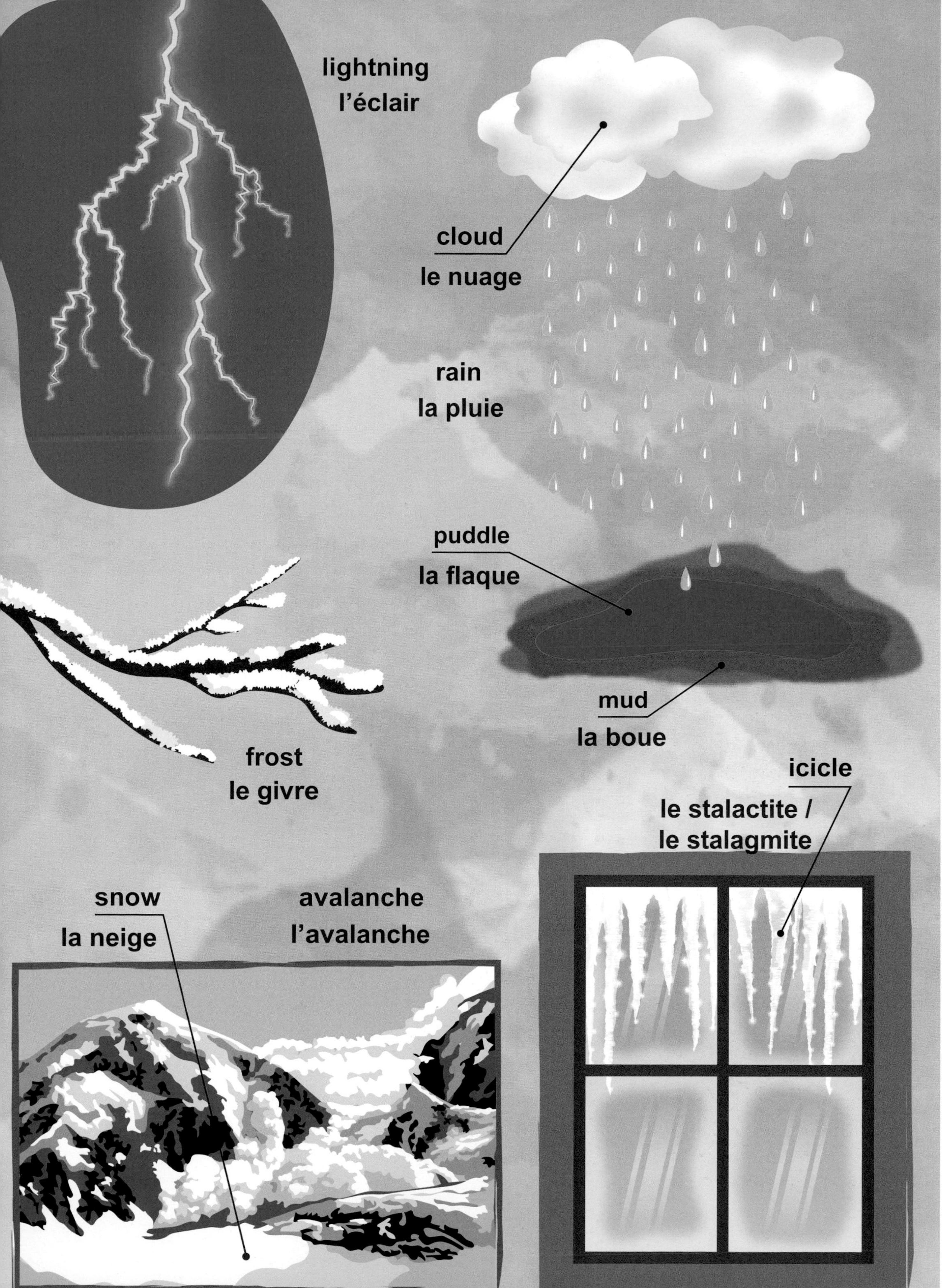
lightning
l'éclair
cloud
le nuage
rain
la pluie
puddle
la flaque
mud
la boue
frost
le givre
icicle
le stalactite /
le stalagmite
snow
la neige
avalanche
l'avalanche

continents
les continents
North America
l'Amérique du Nord
Europe
l'Europe
South America
l'Amérique du Sud
Antarctica
l'Antarctique

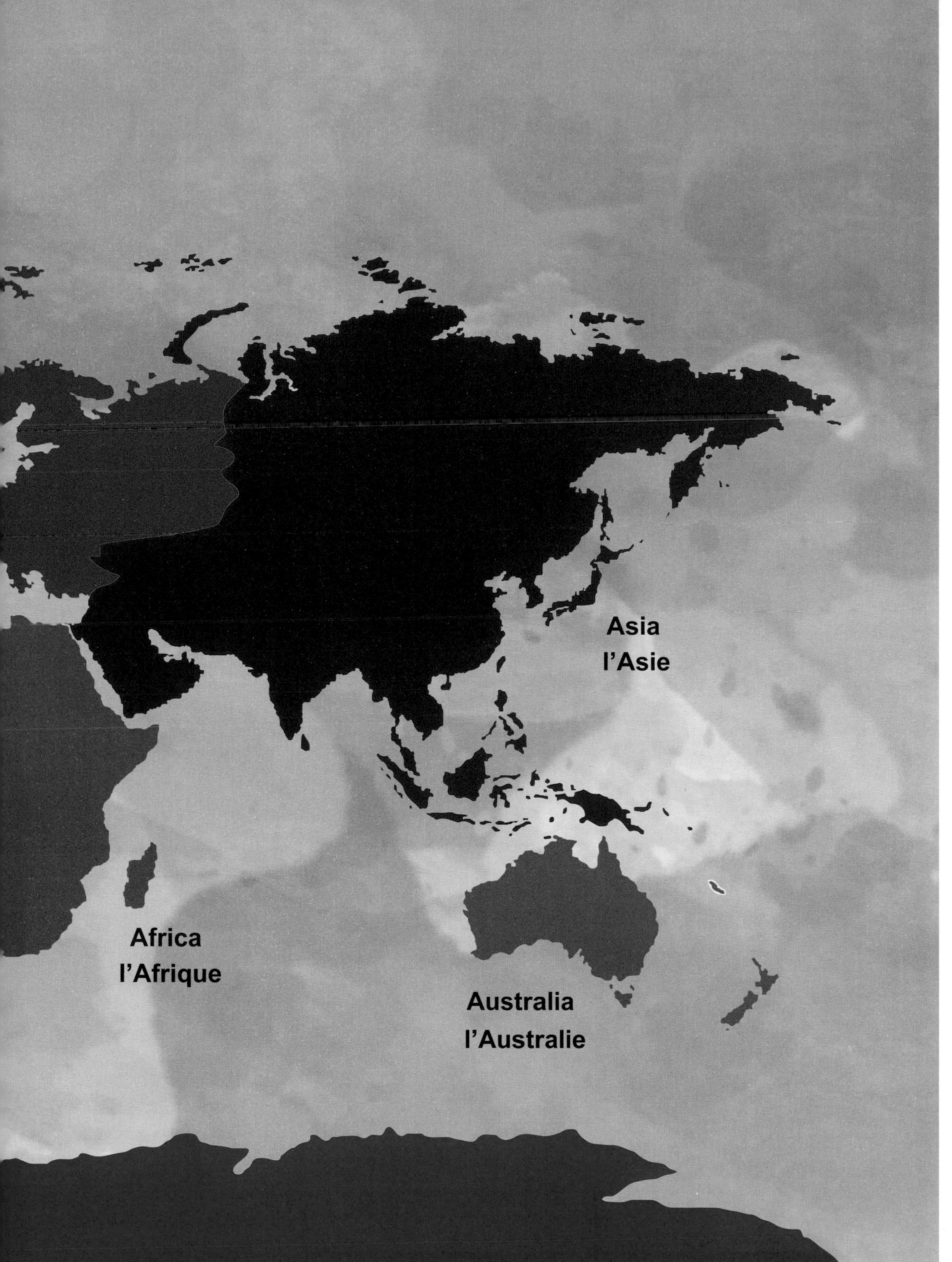
Asia
l'Asie
Africa
l'Afrique
Australia
l'Australie

solar system
le système solaire
Moon
la Lune
Venus
Vénus
Mercury
Mercure
Earth
la Terre
Neptune
Neptune
Mars
Mars
Sun
le Soleil
Uranus
Uranus
Jupiter
Jupiter
Saturn
Saturne

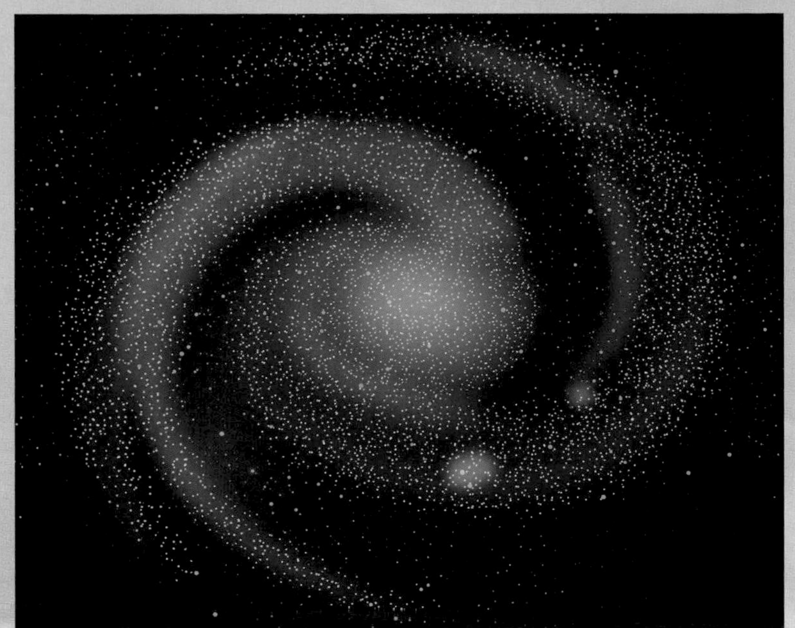

galaxy
la galaxie

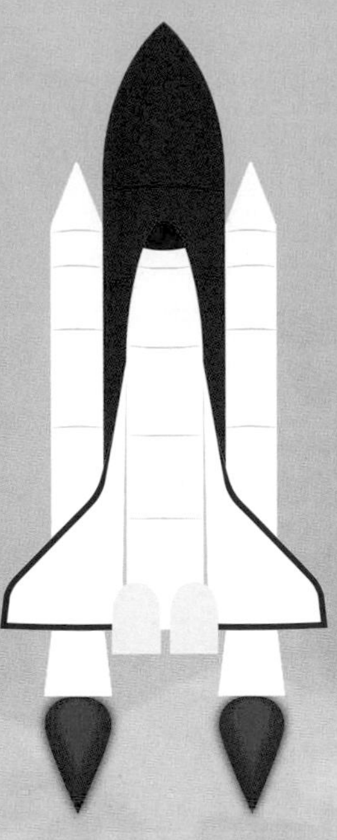

space shuttle
la navette spatiale

space station
la station spatiale

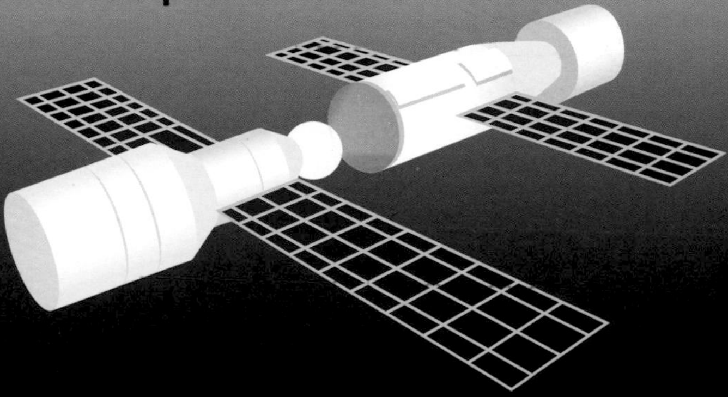

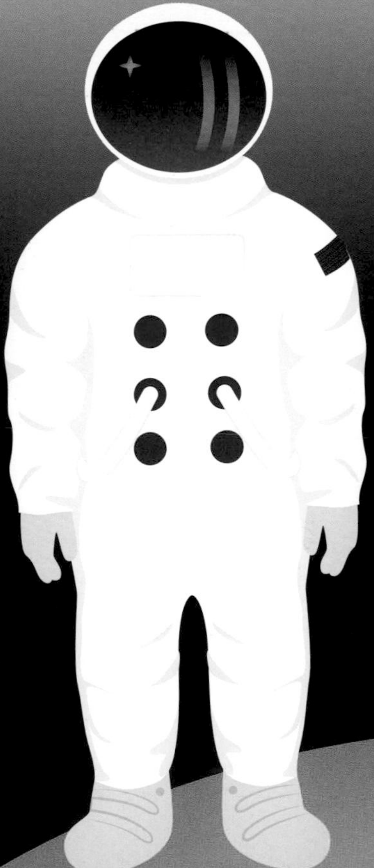

astronaut
l'astronaute

satellite dish
l'antenne satellite

American football
le football américain

basketball
le basketball

weightlifting
l'haltérophilie

archery
le tir à l'arc

wrestling
la lutte

judo
le judo

baseball
le baseball
football / soccer
le football
hang gliding
le deltaplane
cycling
le cyclisme
scuba diving
la plongée
fencing
l'escrime
cricket
le cricket

marathon
le marathon

sprint
le sprint

stadium
le stade

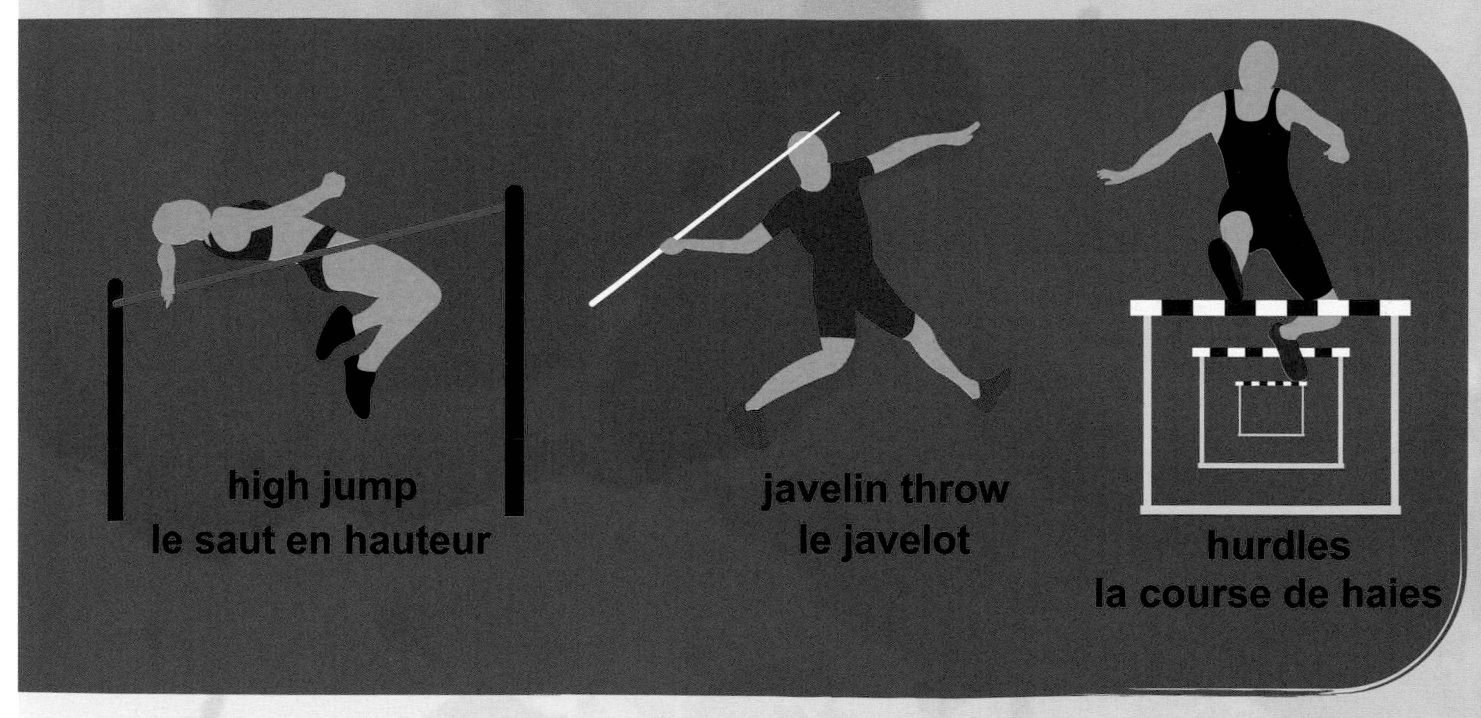

high jump
le saut en hauteur

javelin throw
le javelot

hurdles
la course de haies

waterpolo
le water-polo

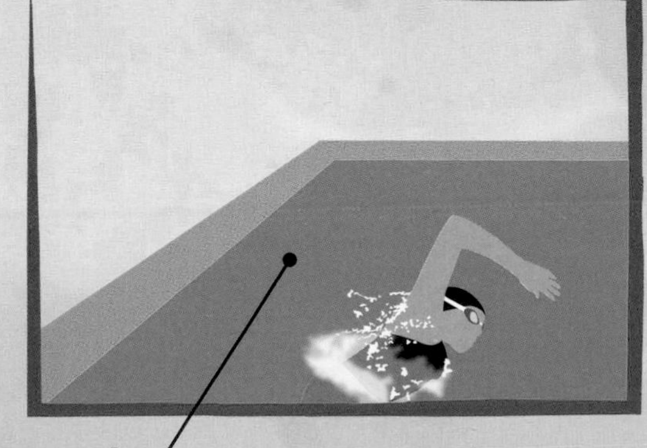

swimming pool
la piscine

swimming
la natation

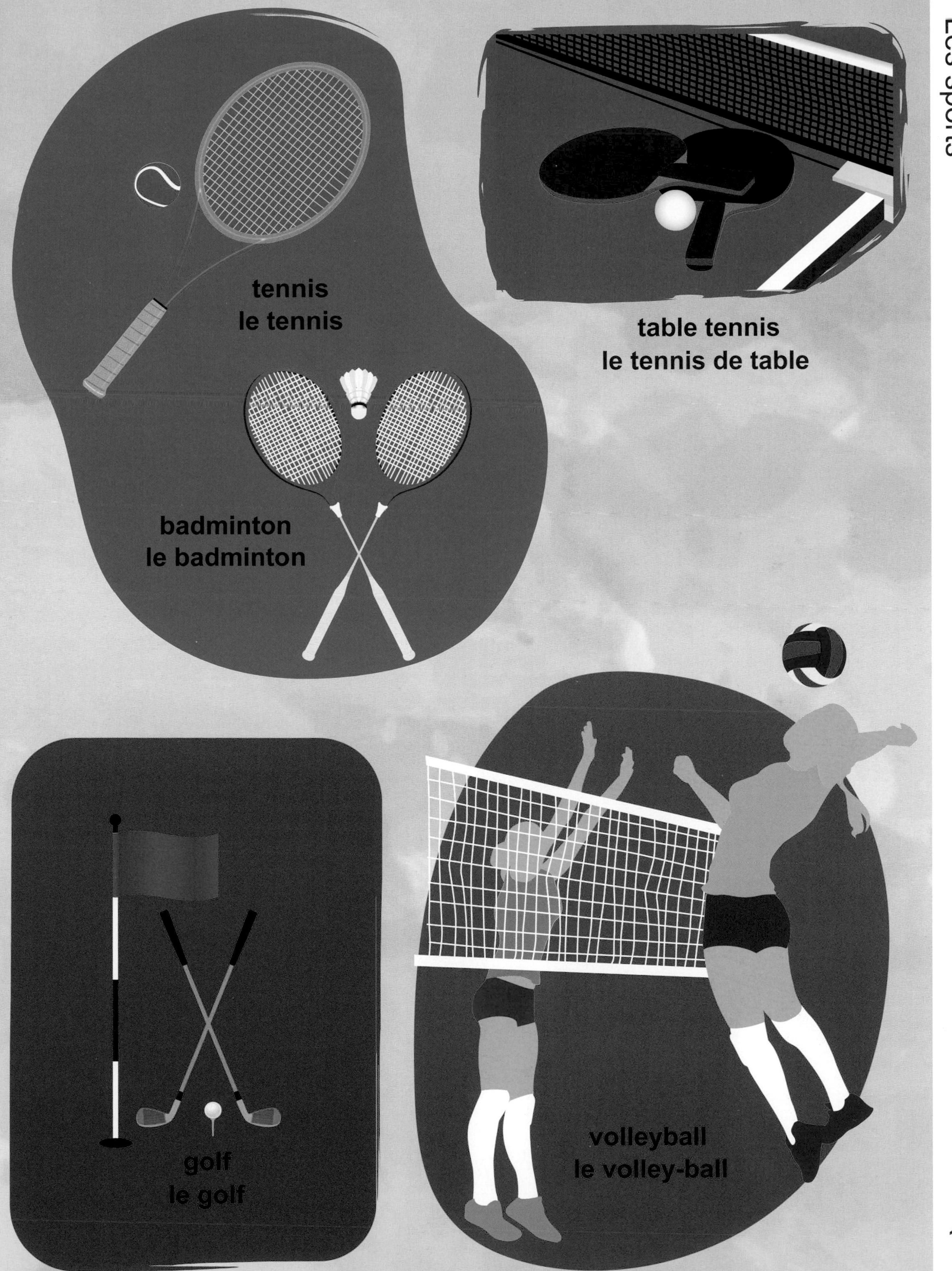
tennis
le tennis
table tennis
le tennis de table
badminton
le badminton
golf
le golf
volleyball
le volley-ball

mountain climbing
l'alpinisme
snowboarding
le snowboard
ice hockey
le hockey sur glace
skiing
le ski
rowing
l'aviron
sailing
la voile
rafting
le rafting

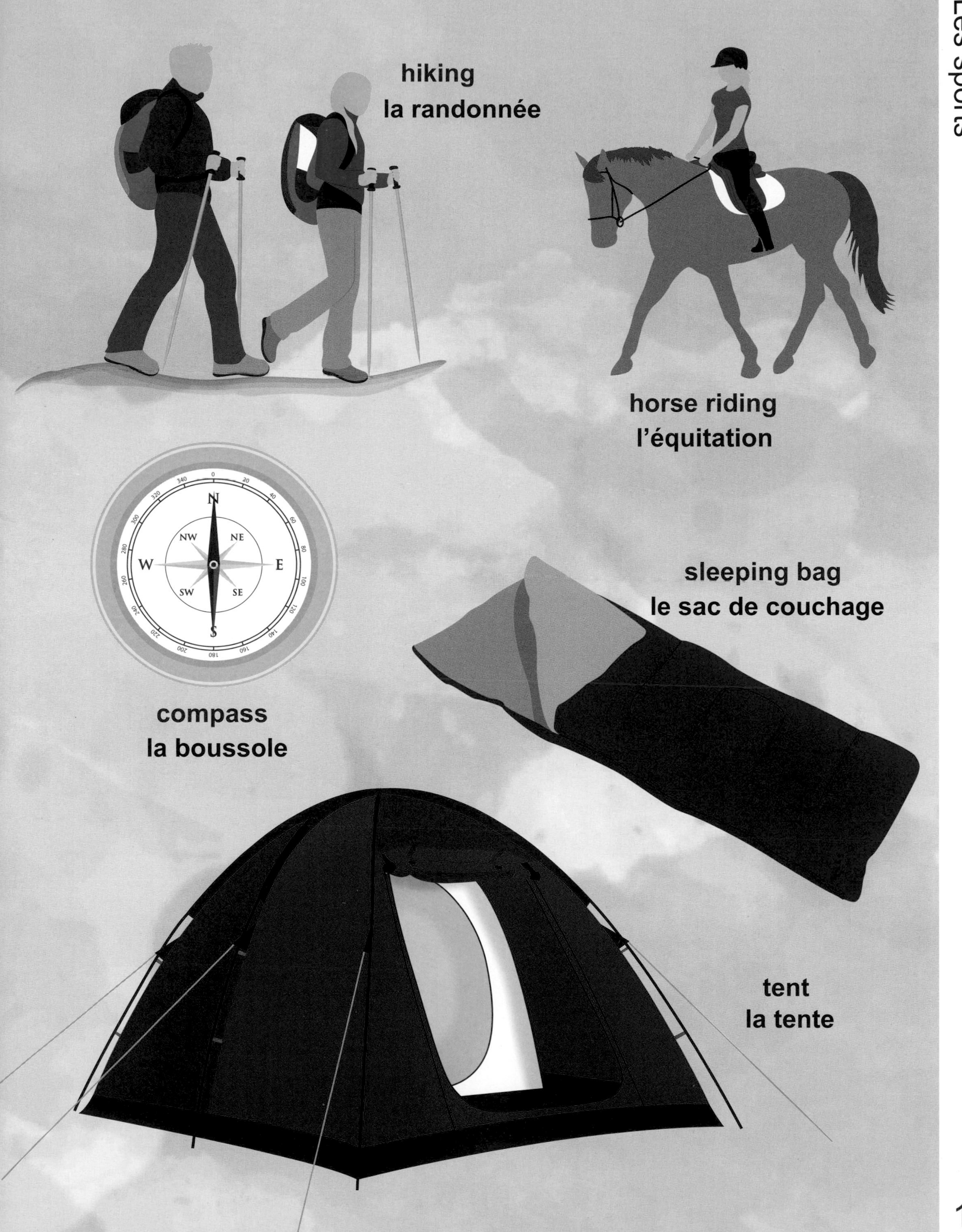
hiking
la randonnée
horse riding
l'équitation
N
NW
NE
W
E
SW
SE
S
compass
la boussole
sleeping bag
le sac de couchage
tent
la tente

canvas
la toile

painting
le tableau

palette
la palette

frame
le cadre

bust
le buste

easel
le chevalet

ballet
le ballet

sculpture
la sculpture

auditorium
l'auditorium

orchestra
l'orchestre

stage
la scène

concert
le concert

audience
le public

cinema
le cinéma

museum
le musée

theater
le théâtre

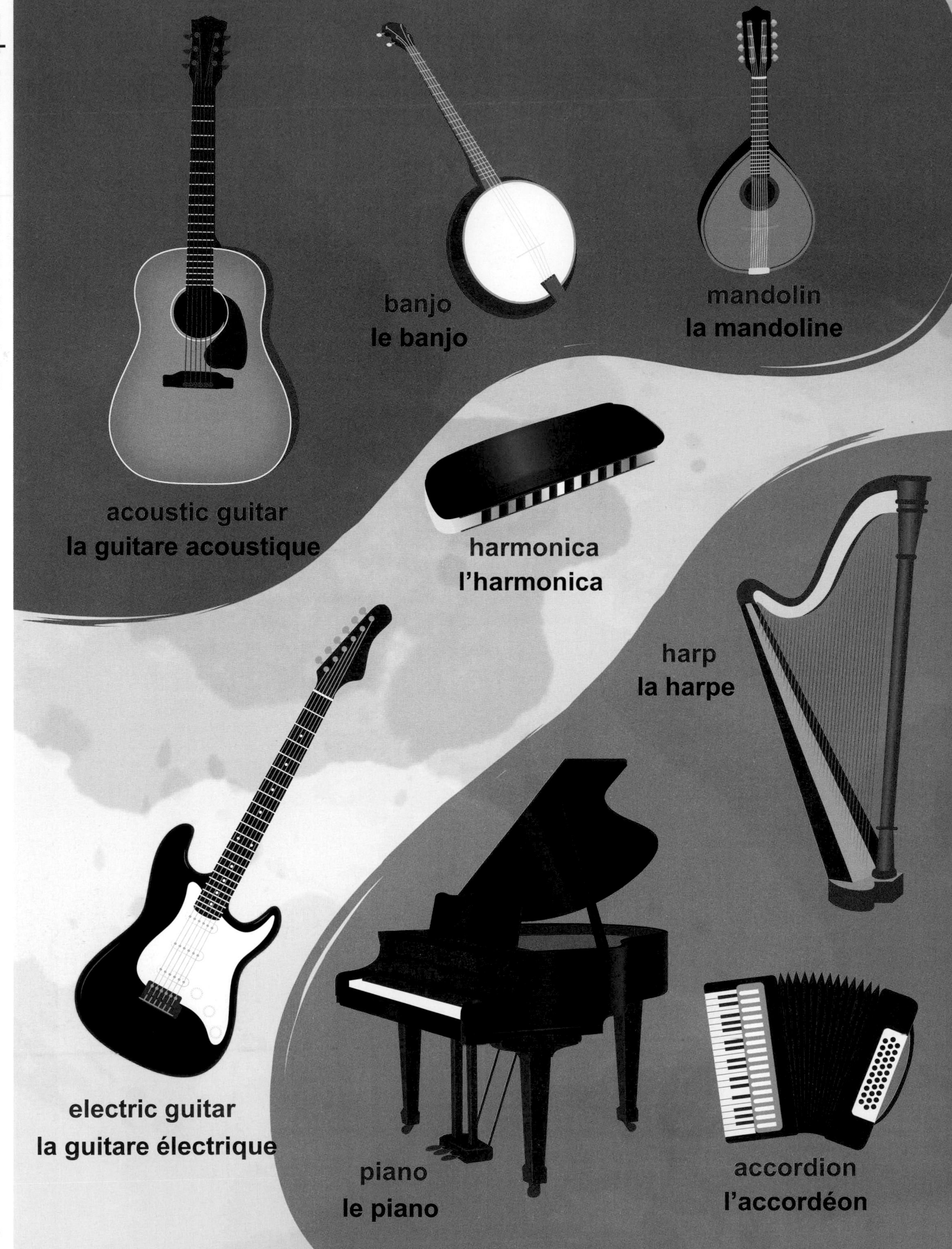
acoustic guitar
la guitare acoustique
banjo
le banjo
mandolin
la mandoline
harmonica
l'harmonica
harp
la harpe
electric guitar
la guitare électrique
piano
le piano
accordion
l'accordéon

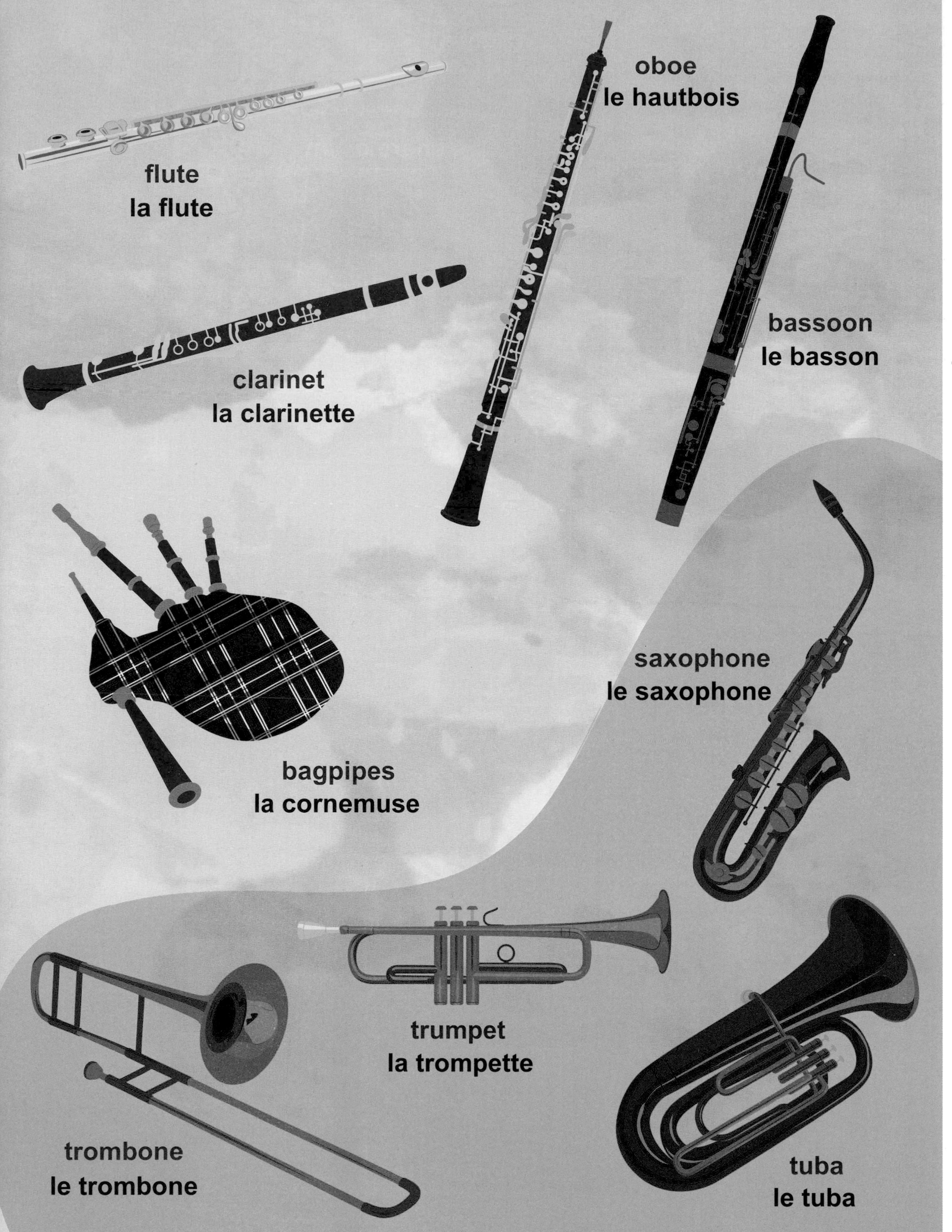
flute
la flute
oboe
le hautbois
bassoon
le basson
clarinet
la clarinette
saxophone
le saxophone
bagpipes
la cornemuse
trumpet
la trompette
trombone
le trombone
tuba
le tuba

drum kit
la batterie

snare drum
la caisse claire

cymbal
la cymbale

bass drum
la grosse caisse

drumsticks
les baguettes

tambourine
le tambourin

bongo drums
le bongo

music stand
le pupitre

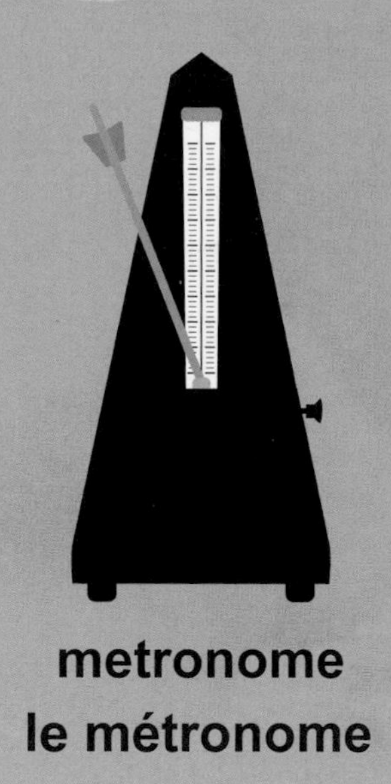
metronome
le métronome

tuning fork
le diapason

violin
le violon

viola
l'alto

cello
le violoncelle

double bass
la contrebasse

one o'clock
une heure

one fifteen / quarter past one
une heure et quart

hour hand
l'aiguille des heures

minute hand
l'aiguille des minutes

second hand
l'aiguille des secondes

one thirty / half past one
une heure et demie

one forty-five / quarter to two
une heure quarante-cinq / deux heures moins le quart

dawn
l'aurore

sunrise
le lever du soleil

evening
le soir

dusk
le crépuscule

night
la nuit

midnight
minuit

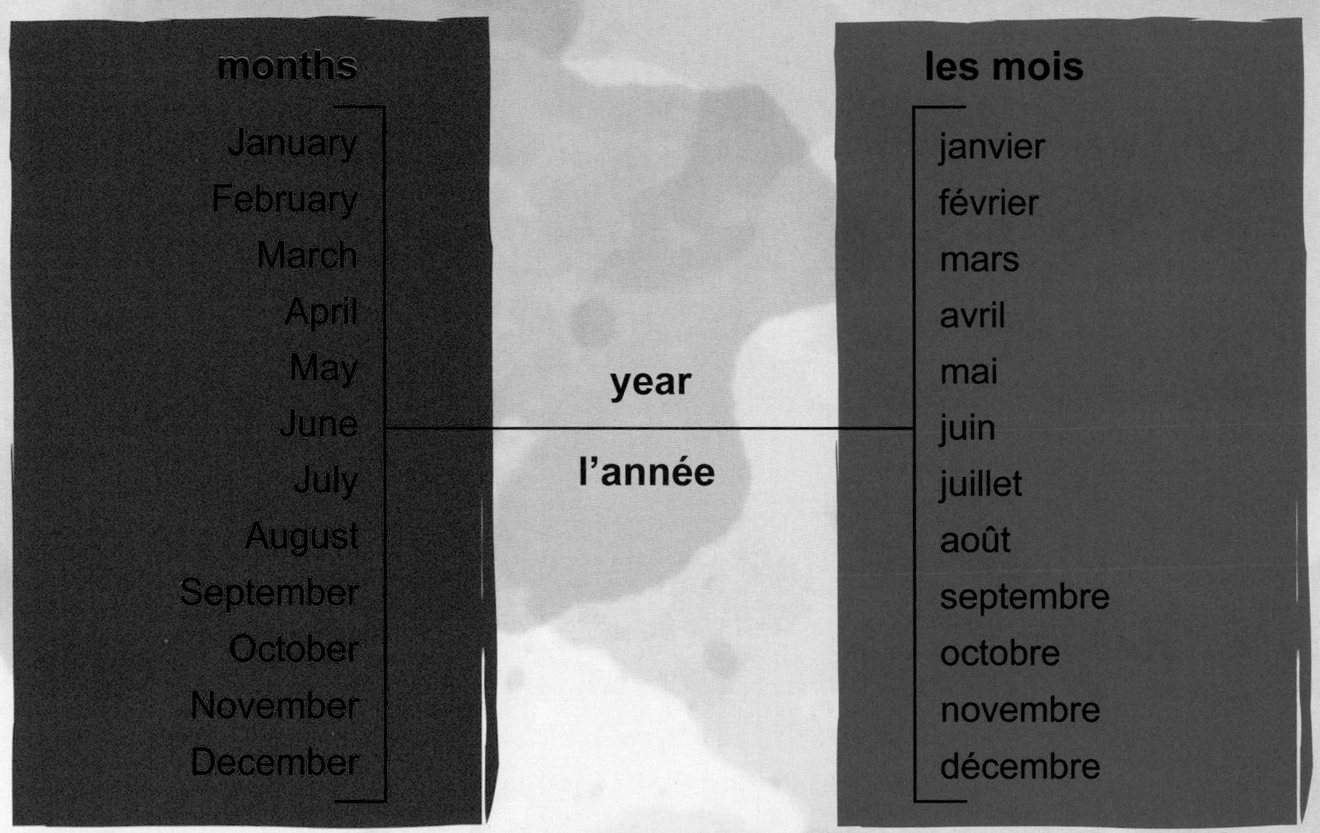

2016
2026
decade
la décennie

2016
2116
century
le siècle

2016
3016
millennium
le millénaire

seasons
les saisons

spring
le printemps

summer
l'été

fall
l'automne

winter
l'hiver

classroom
la salle de classe

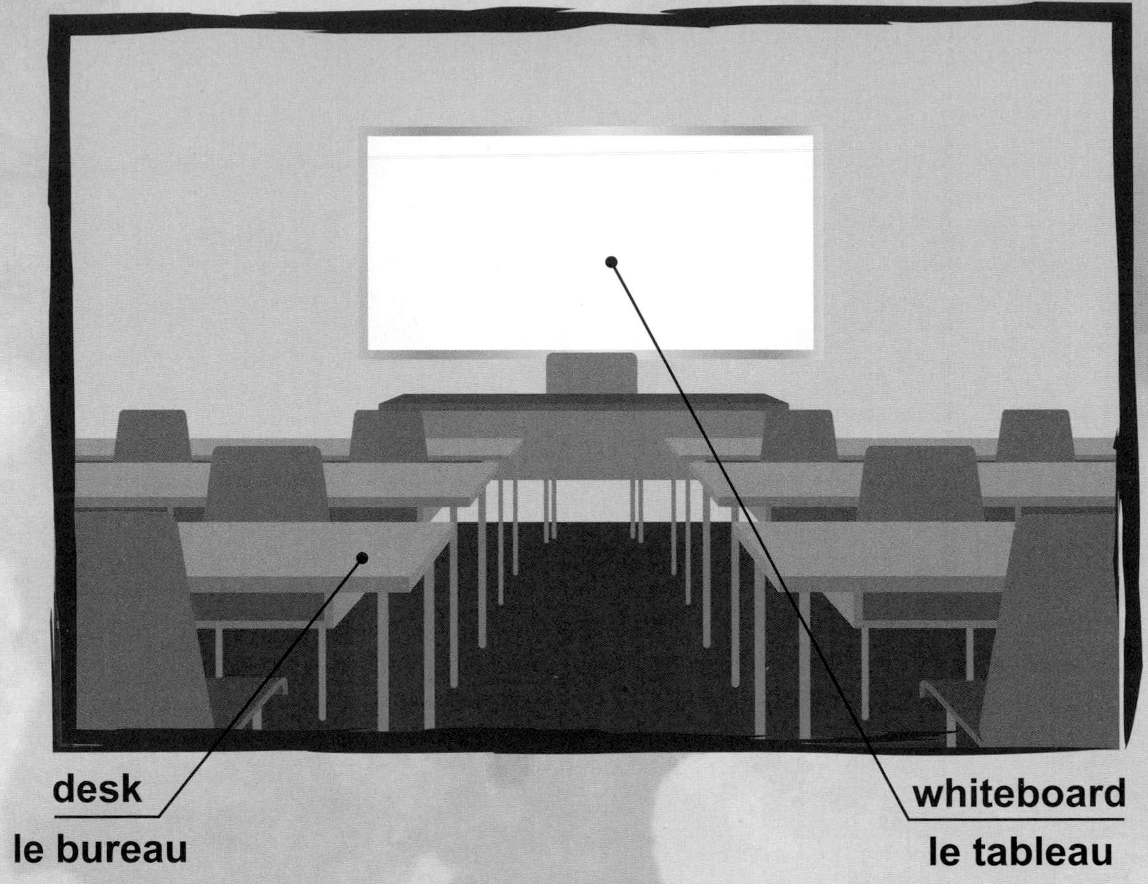

library
la bibliothèque

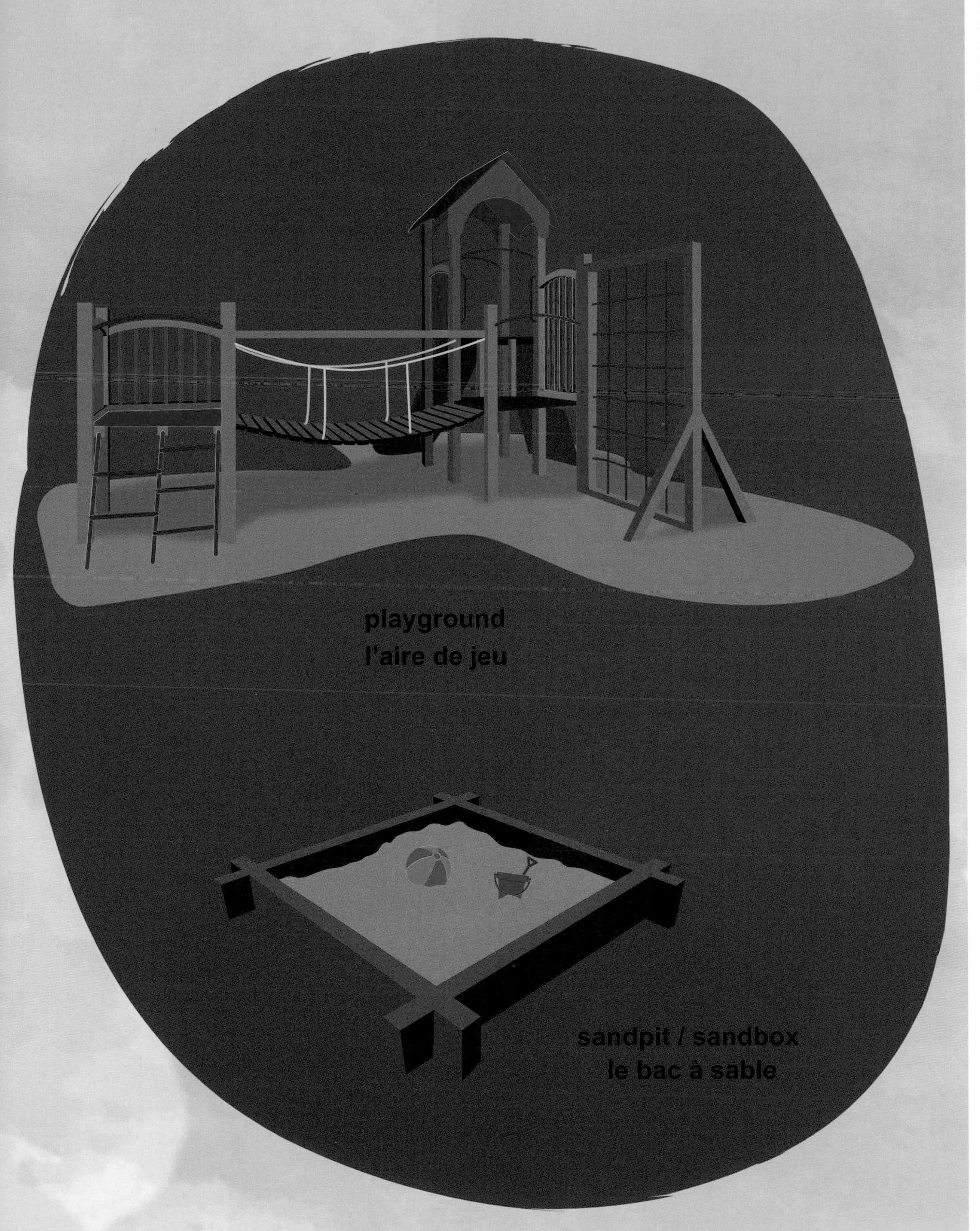
playground
l'aire de jeu
sandpit / sandbox
le bac à sable

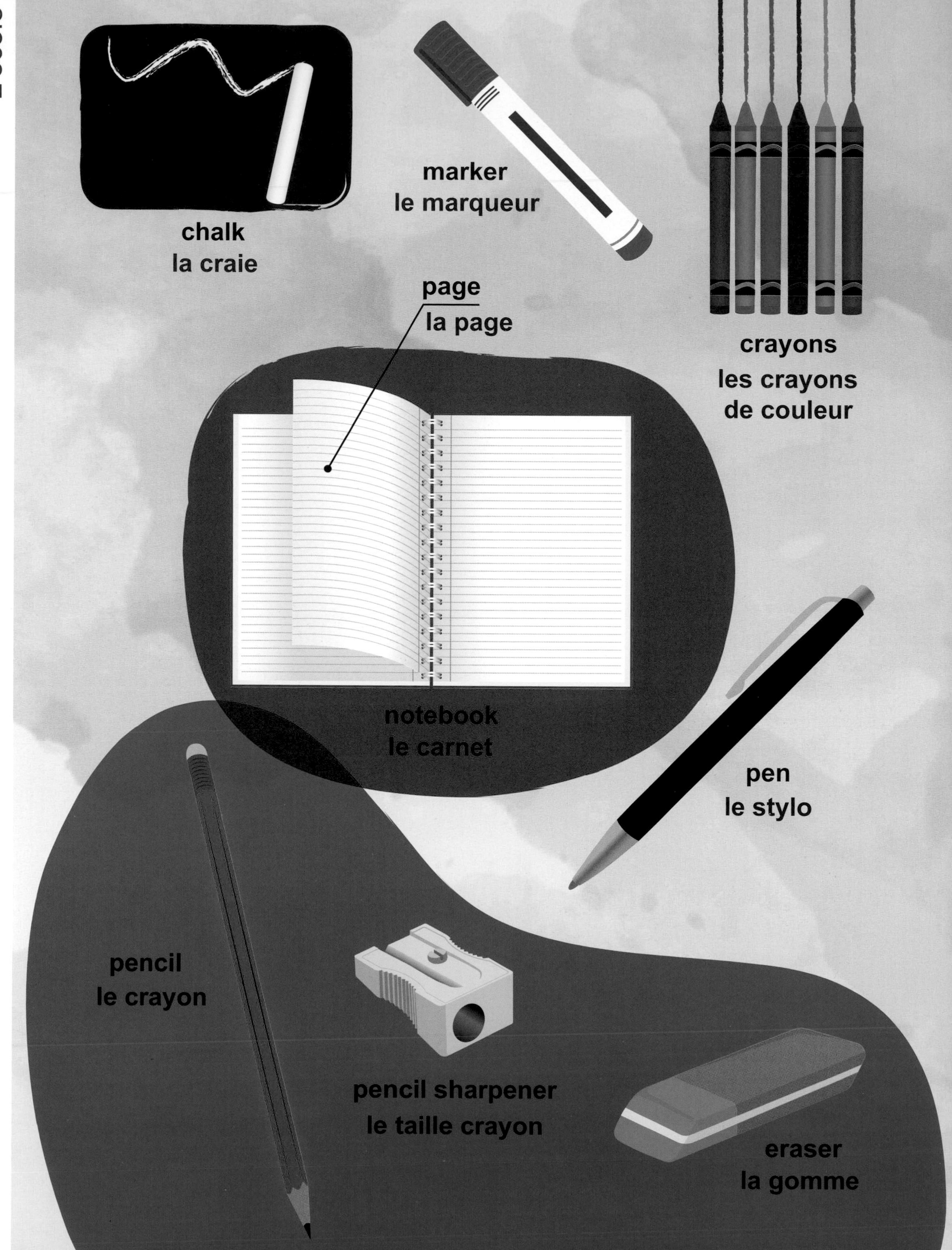
chalk
la craie
marker
le marqueur
crayons
les crayons de couleur
page
la page
notebook
le carnet
pen
le stylo
pencil
le crayon
pencil sharpener
le taille crayon
eraser
la gomme

hole puncher
la perforeuse

tape dispenser
le rouleau de scotch

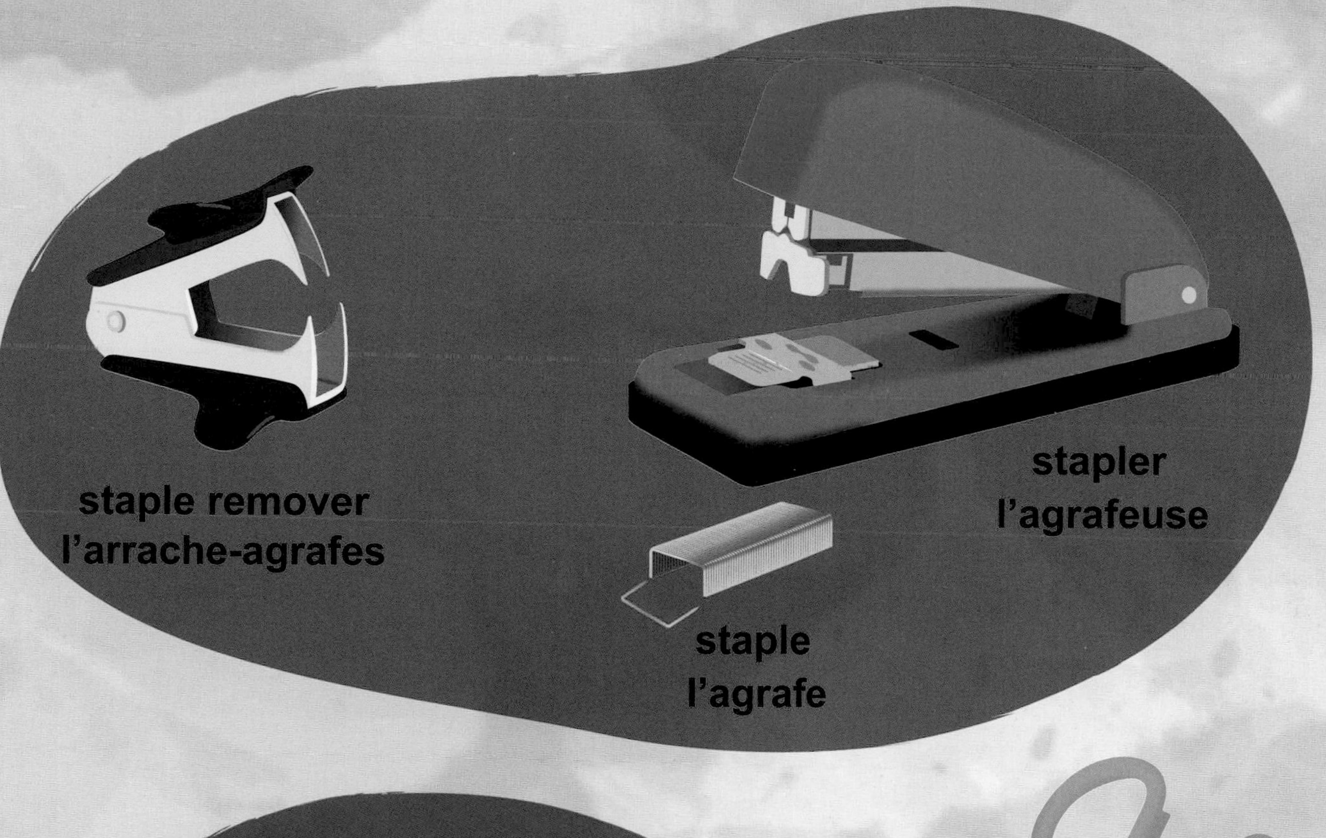

staple remover
l'arrache-agrafes

stapler
l'agrafeuse

staple
l'agrafe

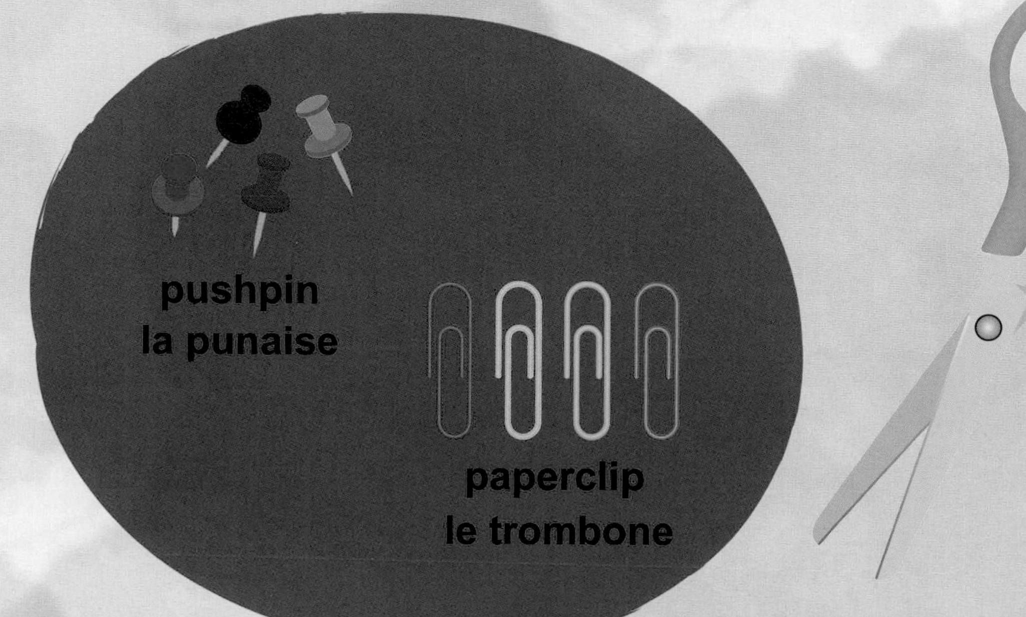

pushpin
la punaise

paperclip
le trombone

scissors
les ciseaux

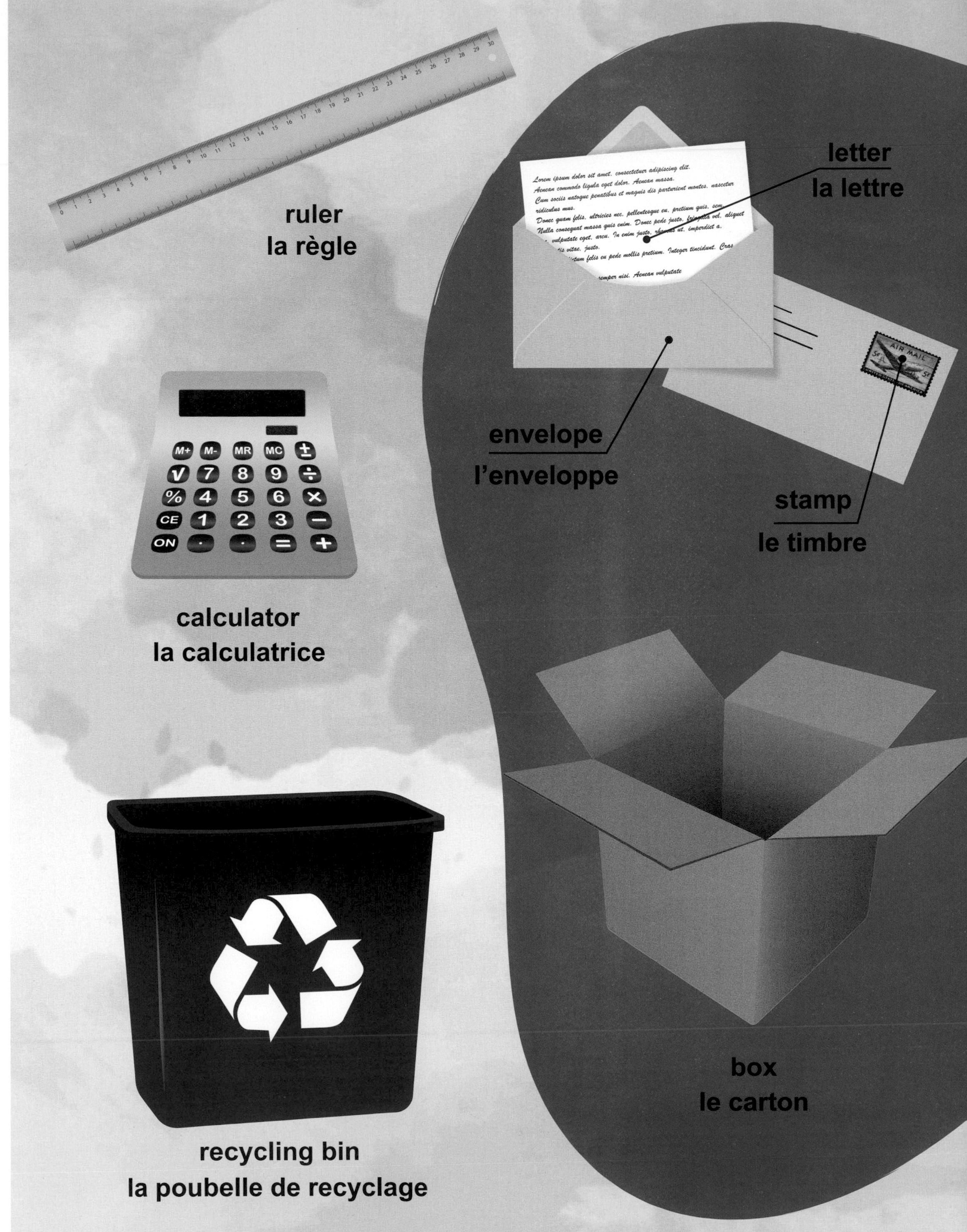
ruler
la règle
letter
la lettre
envelope
l'enveloppe
stamp
le timbre
calculator
la calculatrice
box
le carton
recycling bin
la poubelle de recyclage

globe
le globe terrestre

telescope
le télescope

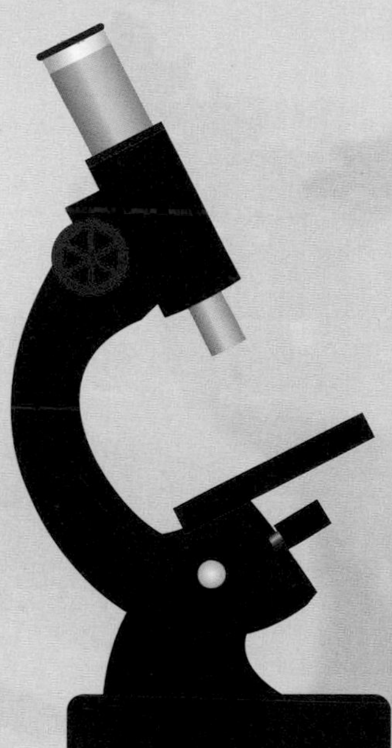

microscope
le microscope

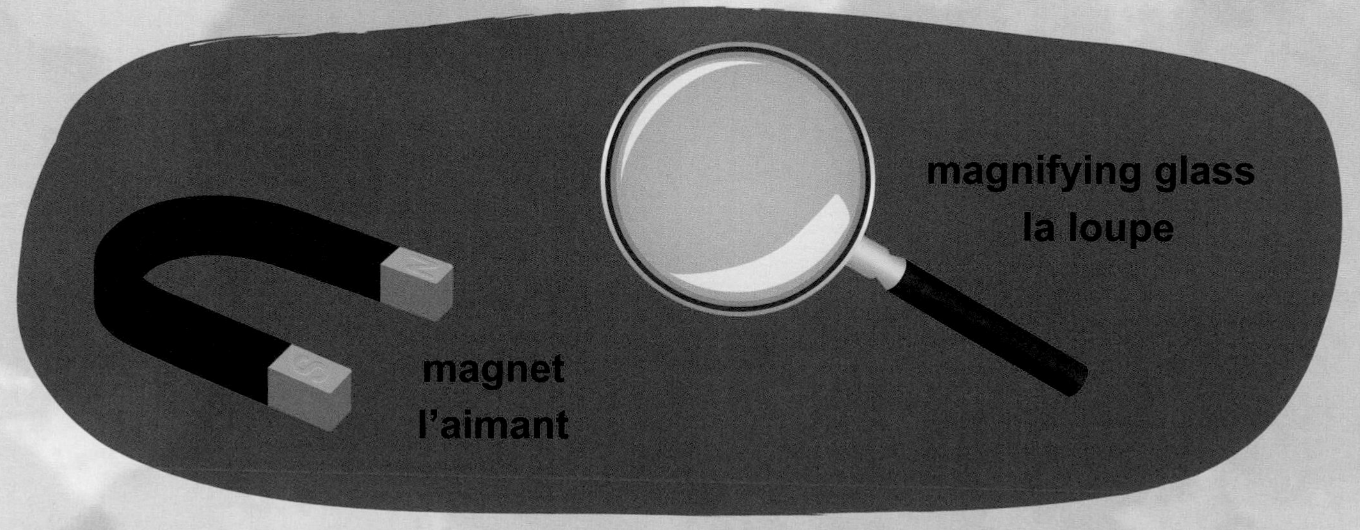

magnifying glass
la loupe

magnet
l'aimant

2
2nd
second
deuxième
two
deux

3
3rd
third
troisième
three
trois

4
4th
fourth
quatrième
four
quatre

7

7th

seventh
septième

seven
sept

8

8th

eighth
huitième

eight
huit

9

9th

ninth
neuvième

nine
neuf

12

twelve
douze

12th twelfth
douzième

13

thirteen
treize

13th thirteenth
treizième

fifteen
quinze

15th **fifteenth**
quinzième

16

sixteen
seize

16th **sixteenth**
seizième

17

seventeen
dix-sept

17th **seventeenth**
dix-septième

18

eighteen
dix-huit

18th **eighteenth**
dix-huitième

19

nineteen
dix-neuf

19th **nineteenth**
dix-neuvième

20 twenty
vingt

20th twentieth
vingtième

30 thirty
trente

30th thirtieth
trentième

40 forty
quarante

40th fortieth
quarantième

50 fifty
cinquante

50th fiftieth
quinzième

60 sixty
soixante

60th sixtieth
soixantième

70 seventy
soixante-dix

70th seventieth
soixante-dixième

80 eighty
quatre-vingt

80th eightieth
quatre-vingtième

90 ninety
quatre-vingt-dix

90th ninetieth
quatre-vingt-dixième

100 one hundred
cent

100th one hundredth
centième

200 two hundred
deux cents

500 five hundred
cinq cents

800 eight hundred
huit cents

1,000 one thousand
mille

100,000 one hundred thousand
cent mille

1,000,000 one million
un million

circle
le cercle

sphere
la sphère

cone
le cône

semicircle
le demi-cercle

hemisphere
l'hémisphère

cylinder
le cylindre

square
le carré

rectangle
le rectangle

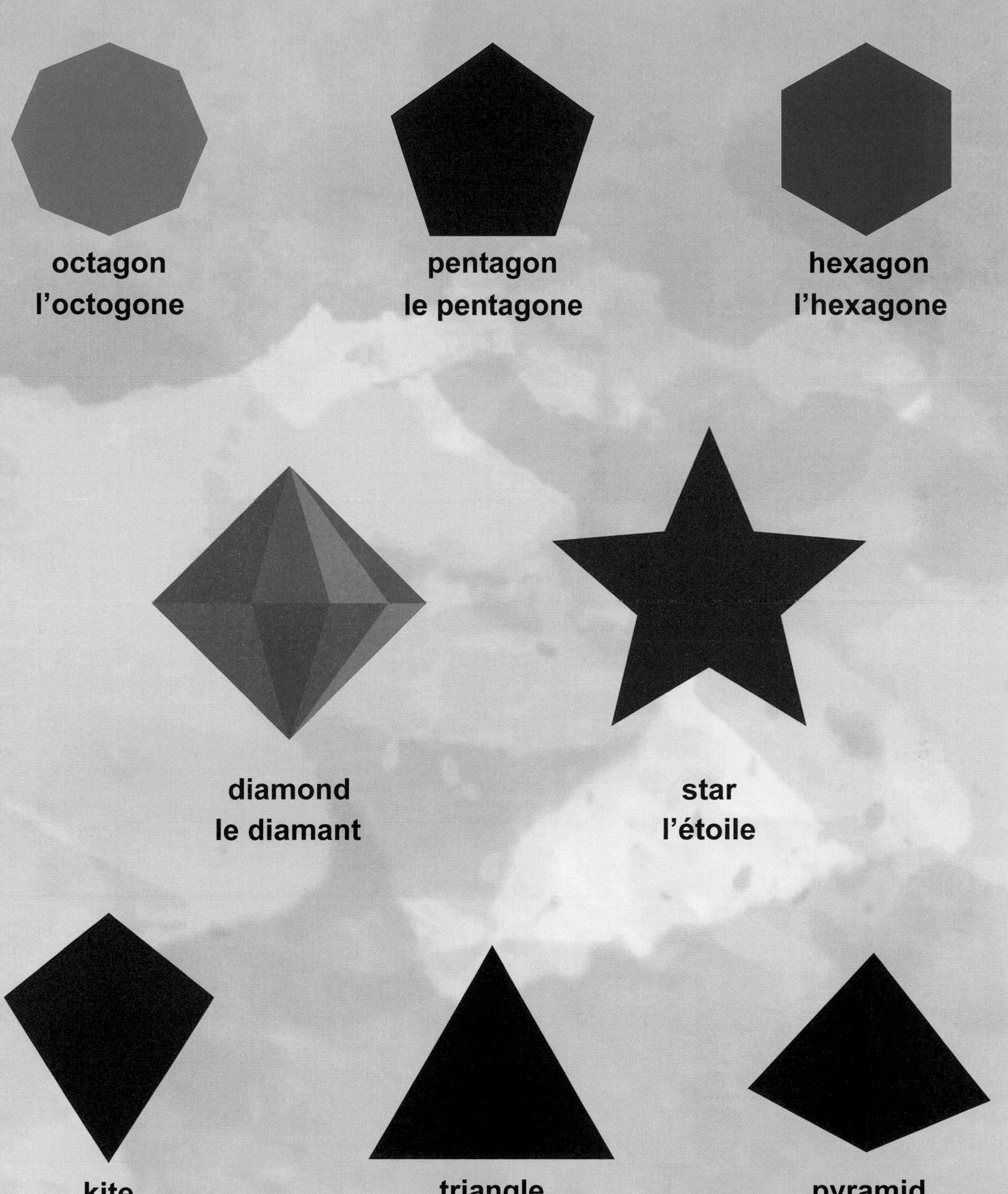

octagon
l'octogone

pentagon
le pentagone

hexagon
l'hexagone

diamond
le diamant

star
l'étoile

kite
le cerf-volant

triangle
le triangle

pyramid
la pyramide

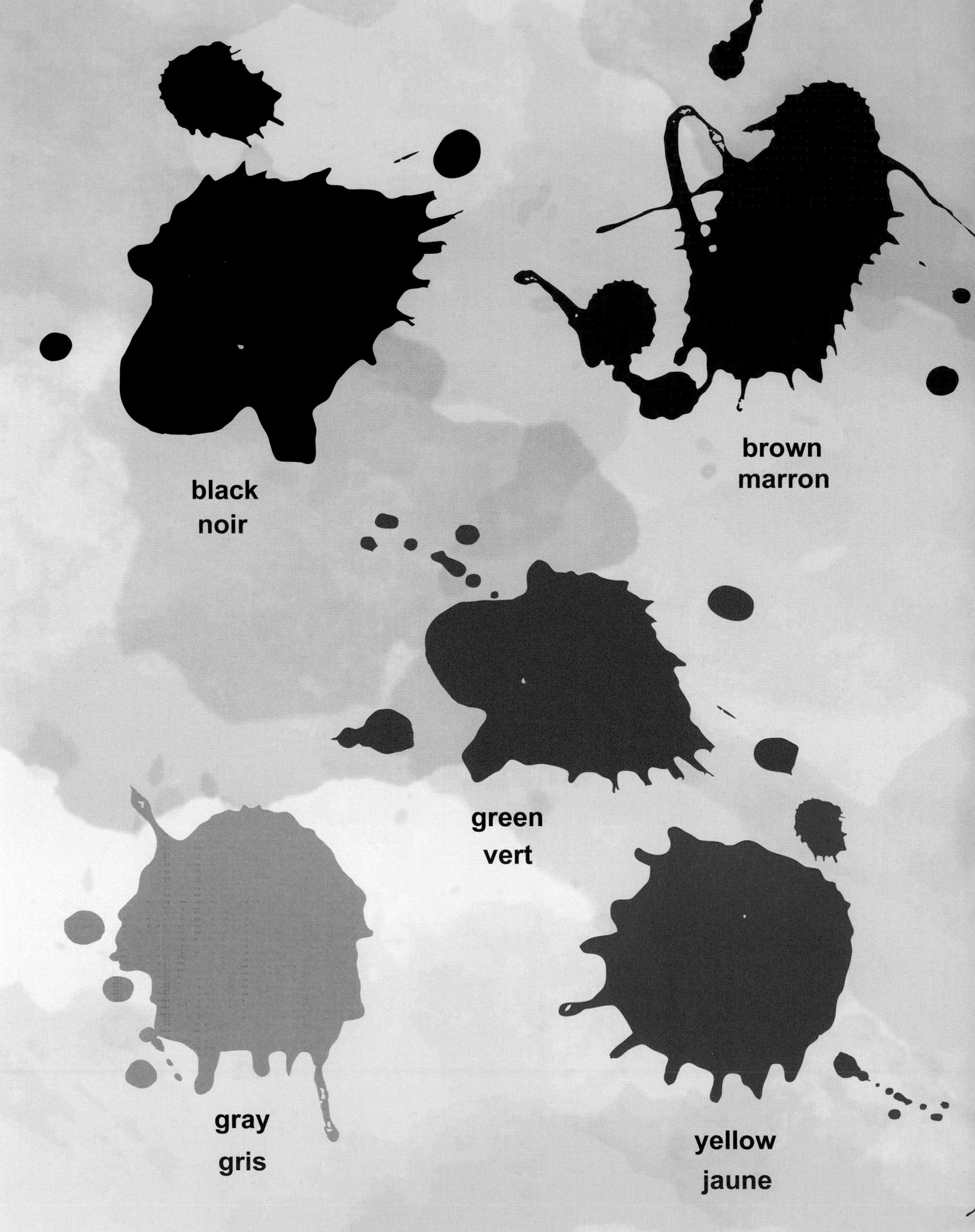
black
noir
brown
marron
green
vert
gray
gris
yellow
jaune

blue
bleu
white
blanc
pink
rose
purple
violet
red
rouge

It's
apostrophe
l'apostrophe

Yes,
comma
la virgule

like:
colon
deux points

self-confidence
hyphen
le tiret

after...
ellipsis
les points de suspension

won!
exclamation point
le point d'exclamation

When?
question mark
le point d'interrogation

end.
period
le point

"One day,"
quotation marks
les guillemets

(almost)
parentheses
les parenthèses

'good'
single quotation marks
les guillements simples

open;
semicolon
le point-virgule

3+1

plus sign
le signe plus

7-3

minus sign
le signe moins

8÷2

division sign
le signe de division

2×2

multiplication sign
le signe de multiplication

√16

square root sign
la racine carrée

=4

equal sign
le signe d'égalité

25%

percent sign
le signe de pourcentage

earth & space

ampersand
l'esperluette

he/she/they

forward slash
la barre oblique

html\n

backslash
la barre oblique inversée

info@milet.com

at sign
l'arobase

Index

Index